Silke Gramer-Rottler

Was uns alle trägt

Silke Gramer-Rottler

Was uns alle trägt

Die Kraft des Urvertrauens in einer reizüberfluteten Welt

SILBERSCHNUR VERLAG

FSC
www.fsc.org
MIX
Papier aus verantwortungsvollen Quellen
FSC® C014138

ISBN: 978-3-89845-452-0

1. Auflage 2014

Gestaltung: XPresentation, Güllesheim; unter Verwendung verschiedener Motive von www.fotolia.de: © adrenalinapura
Druck: Finidr, s.r.o. Cesky Tesin

Verlag »Die Silberschnur« GmbH
Steinstraße 1 · D-56593 Güllesheim
www.silberschnur.de · E-Mail: info@silberschnur.de

Für Linda und Nike

und alle, die sich auf ihre

Urkraft besinnen wollen.

Inhalt

Die Sackgasse

Vom (Un-)Glück, unvollkommen zu sein

Wenn ich durch die Straßen meiner Stadt gehe, begegnen mir Menschenmengen – ich spüre die Hektik, mit der sich die Menschen durch die engen Gassen treiben lassen, fahle und sorgenvolle Gesichter treffen meinen Blick. Wohlhabend gekleidete Menschen, modebewusste Frauen und Männer, Bettler am Straßenrand, Menschen, die an den Theken und Kassen Schlange stehen, wirre Blicke – und alle sind sie darauf aus, ihre Bedürfnisse zu befriedigen. Manchen gelingt es scheinbar durch den Kauf eines neuen Sommerkleides oder Anzugs, andere finden Ablenkung und Betäubung durch die Musik, die durch ihre Ohrstöpsel dröhnt, und wenn das nicht befriedigt, gibt es immer noch das Stückchen Torte mit Schlagsahne.

Ich setze mich in ein Straßencafé, die warme Frühlingssonne wärmt mich. Ich fühle mich erschöpft. Erschöpft von was? Mir kommt der Satz in den Sinn: »Denn sie wissen nicht, was sie tun …« Wir alle streben danach, unsere Bedürfnisse zu erfüllen, und wir bewegen uns dabei im Außen, indem wir versuchen, uns über Konsum und materielle Güter in einer scheinbaren Sicherheit zu wiegen. Es ist vielleicht eine Art Überlebensstrategie, die in unserer Kultur erlernt wird und der wir kaum entkommen können. Wir leben in einer Welt, die großen Wert legt auf das Materielle, die sich an Wissenschaftlichkeit orientiert, und wir sind davon überzeugt und richten uns danach aus.

Wir werden dazu erzogen, uns selbst, unsere Autos und unsere Häuser als feste Bestandteile in unserem Leben zu betrachten. Da wir an unser bestehendes System glauben, haben wir Angst vor Neuem und Veränderung und reagieren verunsichert, wenn unsere Häuser, unsere Autos oder unser Körper zusammenbrechen. Wenn beispielsweise unser System Schule nicht mehr funktioniert, suchen wir die Ursache bei unseren Kindern und versuchen, sie zu verändern – nur um kein statisches, festgefahrenes System aufgeben zu müssen. Wenn Firmen vor der Pleite stehen, werden die Mitarbeiter entlassen, anstatt zu ergründen, was falschgelaufen ist. Wenn nicht alles ideal und perfekt ist, haben wir schnell das Gefühl, versagt zu haben.[1]

Getoppt wird das Ganze durch unsere Medien. Alles strebt nach Perfektionismus. TV-Sender wetteifern mit ihren Castingshows um den besten Sänger, das beste Model oder den mutigsten »Dschungelteilnehmer«. Nur der Beste und Mutigste zählt, kommt weiter, wird befördert, anerkannt, bewundert, belohnt. Das geht noch weiter: Es wird suggeriert, dass jeder alles erreichen kann, wenn er nur ein paar Dinge berücksichtigt: Gewichtsverlust, Schönheits-OPs, Coachings – keiner ist perfekt, so wie er ist. Das heißt, er muss Dinge tun, um perfekt zu werden. Doch nachdem er diese Dinge getan hat, stellt er fest, dass er immer noch nicht perfekt genug ist, um ein Superstar oder Topfußballer zu sein oder zumindest in seiner Umgebung anerkannt zu werden. Was ist mit all denjenigen, die auf der Stecke bleiben? Denen Ruhm, Erfolg und Anerkennung entgehen, weil sie nicht vollkommen erscheinen? Was ist mit all den jungen Menschen, die in der Schule oder im Alltag scheitern, oder mit denjenigen, deren Vorbild unerreichbar erscheint? Jugendliche, die durch die in den Medien hochgespielten Ideale an sich zweifeln, sich minderwertig, ja sogar hässlich fühlen? Kinder und Jugendliche deren Werteorientierung sich fast ausschließlich über unsere statische, materielle Welt ausbilden kann?

Wir suchen nach jemandem, der uns sagt, was rechtes oder falsches Handeln, was rechtes oder falsches Denken ist, und indem wir uns nach dieser Norm ausrichten, laufen wir Gefahr, dass unser Verhalten und Denken mechanisch, unsere Reaktionen automatisiert werden. An einem bestimmten Punkt unserer Evolution als menschliche Wesen entwickelten wir die Vorstellung, wir würden uns sicherer fühlen, wenn es uns gelänge, uns selbst und alles um uns herum unveränderlich zu halten oder kontrollieren zu können. Unglücklicherweise bewirkt der Versuch, uns selbst und unsere Welt statisch zu halten, das genaue Gegenteil. Wir werden dabei immer ängstlicher und unlebendiger.[2]

Eine materialistische, auf Informationen gegründete Kultur hat das Bewusstsein für einen evolutiven Lebensfluss und die Beziehung dazu systematisch verloren. Dadurch werden lebenswichtige Erfahrungen und grundlegendes inneres Wissen um die Zyklen in der Natur und in uns selbst nicht mehr wahrgenommen, was weitreichende, machtvolle Auswirkungen hat. Wir begreifen nicht, dass alles, was wir an Gesetzen, Regeln und Werten in unser Leben und das bestehende System hineingeben, auch wirkt und wir für alles, was dadurch geschieht, verantwortlich sind. Ein Beispiel: Wenn wir unsere Kinder aufgrund eines statisch festgelegten Bildungsbegriffes bewerten, geschieht Ausgrenzung, die wir selbst produzieren. Die Folgen sind fatal, es entsteht zum Beispiel Jugendarbeitslosigkeit, weil die Jugendlichen den festgelegten Bildungsansprüchen nicht gerecht werden. Durch den Verlust dieses Bewusstseins für die größeren Zusammenhänge fehlt unseren Kindern und Jugendlichen auch das Verständnis für die Unterschiede oder auch Gemeinsamkeiten zwischen den Generationen, was mit einem Mangel an Intimität und der Zunahme an Ich-Bezogenheit einhergeht. Diese Entwicklung hat uns von der Natur und letztlich von uns selbst entfremdet.

Welchen Irrwegen unterliegt die Menschheit mit dem ständigen Streben nach materiellen Gütern, Vergleichbarkeit und Perfektionismus? Was ging verloren in unserer hochtechnisierten Welt? Schnell befinden wir uns in einer Sackgasse, aus der wir allein oft nicht mehr herausfinden. Was bleibt, ist Angst und Unsicherheit, die durch Ignoranz überspielt wird. Ein Hang zum Individualismus ist die Folge. Immer weniger Solidarität und weniger Gemeinschaftssinn gehen damit einher.

Ich nehme den letzten Schluck meines inzwischen kalten Kaffees und mache mich auf den Heimweg, um all diese Gedanken niederzuschreiben. In den nun folgenden Kapiteln möchte ich Sie, liebe Leser, dazu einladen zu ergründen, was uns Menschen verloren gegangen ist und was uns davon abhält, uns zu besinnen auf das, was uns alle trägt: das Urvertrauen. Wie entsteht Urvertrauen, wie können wir uns darauf besinnen und wie können wir es für uns selbst nutzen? Wie können wir es an unsere

Mitmenschen weitergeben? Gemeinsam machen wir uns nun auf den Weg, um das zu finden, was uns Menschen alle miteinander verbindet.

Im Buddhismus finden Sogyal Rinpoche und das Oberhaupt der Tibeter, der Dalai-Lama, folgende Worte zur Beschreibung der heutigen modernen Zeit:

> *Wir sind so begierig, nach außen zu schauen, dass wir den Kontakt zu unserem Inneren weitgehend verloren haben. Wir fürchten uns davor, nach innen zu blicken, weil die Gesellschaft uns keinerlei Vorstellung vermittelt von dem, was wir dort finden werden. Wir könnten sogar glauben, dass ein solcher Einblick das Risiko des Wahnsinns in sich berge. Diese Furcht ist einer der letzten und wirksamsten Tricks des Ichs, um uns von der Entdeckung der wahren Natur abzuhalten. Wir führen also ein Leben voller Hektik, um auch das geringste Risiko auszuschalten, uns selbst anschauen zu müssen. Schon die bloße Vorstellung von Meditation kann manche Menschen erschrecken. Unter Begriffen wie »Ichlosigkeit« oder »Leerheit« stellen sie sich Erfahrungen vor, die sich anfühlen, als würde man aus der Luftschleuse eines Raumschiffes gestoßen und müsste für immer im dunklen, kalten Vakuum dahintreiben. Nichts könnte weiter von der Wahrheit entfernt sein! Aber in einer Welt, die sich der*

Ablenkung verschrieben hat, haben Schweigen und Stille etwas Erschreckendes. Wir schützen uns vor ihnen durch Lärm und irrwitzige Geschäftigkeit. In die Natur unseres eigenen Geistes zu schauen, ist das Letzte, was wir wagen würden.[3]

In der heutigen vernetzten Welt können Individuen viele ihrer Probleme nicht mehr im Alleingang lösen. Wir brauchen einander. Wir müssen daher ein Gefühl universeller Verantwortung entwickeln ... Es ist unsere individuelle und kollektive Pflicht, die Familie der Lebewesen auf diesem Planeten zu schützen und zu erhalten, ihre schwachen Mitglieder zu stützen und für die Umwelt zu sorgen, in der wir alle leben.[4]

Der Dalai-Lama

Furcht ist ein Produkt

der Gedanken.

Wer gegenwärtig lebt,

kennt keine Furcht.

Krishnamurti

Ängste bestimmen unseren Alltag

Angst ist eines der größten Lebensprobleme. Es ist ein Gefühl, das immer aus einer emotionalen Notlage heraus entsteht und unser System in Alarmbereitschaft versetzt. Angst entsteht im sogenannten Mandelkern (das Zentrum für die Entstehung der Gefühle) unseres Gehirns, von dort aus lässt sie uns reagieren.

Angst gehört zu unserem Leben. Sie begleitet uns von der Geburt bis zum Tod. Sie ist gleichsam immer gegenwärtig und reguliert uns bewusst oder unbewusst in unserem Verhalten. Im instinkthaften, unbewussten Teil unseres Gehirns steuert sie unser Kampf-Flucht-Verhalten, wenn wir unter Stress stehen. In einem gewissen Maß hält sie uns in Balance zwischen Neugier und Selbstschutz, zwischen Erstarrung und (Re-)Aktion. Sie reguliert unser Gespür für Nähe und Distanz, lässt uns zurückhaltend und beobachtend sein oder auch Erfahrungen sammeln. Angst wirkt wie ein Regulativ auf unser Verhalten innerhalb der Gemeinschaft. Angst schützt uns und verleiht uns Kraft, sie lässt uns fühlen und handeln, sie hilft uns, uns zu positionieren und unsere Schattenseiten zu überwinden. Sie hilft uns, eine tiefere Sinnsuche einzuleiten.

Gerät aber unser Leben aus dem Gleichgewicht, erleben wir die Angst als Bedrohung und großes Unbehagen, unser Leben wird dann von der Angst dominiert. Ein Mensch der von Angst ergriffen ist, lebt in Verwirrung, in Konflikten und muss (ich sage »muss«, weil er im Zustand der Angst keine Wahl hat) daher gewalttätig, verkrampft oder aggressiv sein.

Wir leiden oft unter dem Thema mangelnde Gemeinschaft, zu viel Individualismus. Unsere Gesellschaft gibt vor, dass es wichtig ist, individuell zu entscheiden, zu sein und zu leben. Meist tritt jedoch Lüge und Manipulation anstelle von Ehrlichkeit und Direktheit. Vieles, was eine Gemeinschaft oder Familie im ursprünglichen Sinn vorgibt, wird durch eine Gesellschaft, die sich durch materielle Werte und Wissenschaftlichkeit definiert, nicht mehr oder zu wenig wertgeschätzt. Krishnamurti spricht in seiner klaren, deutlichen und unverblümten Sprache von einer »stumpfsinnigen« Gesellschaft, die mit ihrer auf Wettbewerb ausgerichteten Erziehung die Angst hervorruft.

Wir alle fürchten uns vor etwas. Ist uns die Angst bewusst, steht sie immer in Bezug zu etwas. Kennen wir unsere eigenen Ängste? Ist es die Angst, unsere Arbeit zu verlieren, nicht genug Nahrung oder Geld zu haben? Unsere Stellung in der Gesellschaft zu verlieren, verachtet oder lächerlich gemacht zu werden? Da ist die Angst vor Kummer und Krankheit, vor Willkür, die Furcht, nicht geliebt zu werden, unsere Kinder zu verlieren, die Angst vor dem Tod oder davor, in einer Welt zu leben, in der Krieg herrscht. Die Angst vor Langeweile oder davor, nicht den Erwartungen anderer gerecht zu werden.

Oft versuchen wir, vor unserer Angst davonzulaufen, wir erfinden Ideen, um sie zu verdecken. Aber der Angst zu entfliehen, bedeutet nur, sie zu verstärken.[5] Die Sehnsucht nach Ursprung, Ritualen und Wurzeln ist da und wird wieder stärker. Jedoch spüren wir uns oft nicht mehr. Wenn wir in einer virtuellen Welt leben, können wir uns selbst kaum Halt geben. In unseren Entscheidungen sind wir oft kopflastig, und wir versuchen, unsere Angst über den Verstand zu besiegen.

Eine der Hauptursachen der Angst liegt darin, dass wir uns nicht so sehen wollen, wie wir sind. Wenn unser

Verstand versucht, die Angst zu überwinden, sie zu unterdrücken, zu disziplinieren, sie unter Kontrolle zu halten, sie anders zu benennen, entsteht Spannung. So müssen wir uns fragen, was Angst ist und wie sie entsteht. Wir leben und denken in einer bestimmten Art und haben bestimmte Überzeugungen, und wir wünschen nicht, dass dies ins Wanken gerät oder sich verändert, weil wir damit verwurzelt sind. Wir möchten es nicht, weil die Störung einen Zustand der Ungewissheit hervorruft. Wenn wir von allem, was wir wissen und woran wir glauben, hinweggerissen werden, möchten wir verständlicherweise Gewissheit über die Dinge haben, denen wir uns zuwenden. Daher weigern wir uns, eine andere Norm aufzubauen, die voller Ungewissheit sein mag. Diesen Prozess, der von der Gewissheit zur Ungewissheit führt, kann man als Zustand der Angst bezeichnen.

Die Menschen versuchen, ihre tiefe Verunsicherung durch spirituelle Wege, Sekten, Schönheitswahn, Jugendwahn, extreme Körperlichkeit, die Verdrängung des Todes, des Sterbens und des Altwerdens zu kompensieren. Unser Wunsch nach Kontrolle ist stark. Doch nichts im Leben ist statisch, alles ist in Bewegung, und sobald wir etwas festhalten wollen, verbiegen wir uns oder es. Wir befinden uns in einer schnelllebigen Zeit, in der das, was noch gestern Geltung hatte, heute nicht mehr oder anders gilt. Beim Durchblättern eines buddhistischen Kalenders finde ich folgende Zeilen:

Was geboren ist, wird sterben,
was zusammengetragen wurde, wird zerstreut,
was sich angehäuft hat, wird erschöpft,
was aufgebaut wurde, wird zusammenbrechen,
und was hoch war, wird niedrig werden.[6]

Buddhistische Schriften

Beim Lesen dieser Zeilen spüre ich Erleichterung, sie drücken auf wunderbare Weise den Prozess des Lebens an sich aus. Nichts kann festgehalten werden, nichts bleibt so, wie es ist.

Wenn es uns gelingen soll, einen Zugang zu unserem Inneren, einen Zugang zu unserem Urvertrauen zu finden, müssen wir uns mit »Ehrlichkeit« beschäftigen – und ein Stück weit auch damit, welche Handlungsweisen und Verhaltensmuster wir uns angeeignet haben, damit es uns anscheinend gut geht.

Jeder ist nur an sich selbst interessiert.

Krishnamurti

Das Belohnungssystem

Bevor wir nun weitergehen, würde ich gerne fragen, welches unser grundlegendes und ständiges Lebensinteresse ist? Was würden Sie antworten? Wissen Sie es? – Wenn wir ganz ehrlich sind, gilt unser Hauptinteresse uns selbst. Einige von uns meinen vielleicht, dass es falsch ist, in erste Linie an sich selbst zu denken, aber was ist daran falsch? Sie sagen vielleicht, dass es befriedigender ist, anderen zu helfen, als an sich selbst zu denken. Wenn es Ihnen größere Befriedigung gibt, anderen zu helfen, befassen Sie sich eben damit, weil es Sie mehr befriedigt.[7] Doch mir geht es vielmehr darum, dass wir wieder lernen, uns selbst gegenüber ehrlich zu sein. Gehirnforscher sagen: Das Belohnungssystem ist das mächtigste System des menschlichen Gehirns. Wir Menschen haben Gründe für das, was wir tun, weil wir uns einen Gewinn davon versprechen. Bei allen Handlungen und

Entscheidungen, die wir treffen, wirkt unser Belohnungssystem unbewusst mit.

Ein Bespiel: Michael, ein hilfsbereiter, charmanter Mann, findet leicht den Kontakt zu Menschen, bietet seine Hilfe an und hat das Talent, Menschen miteinander bekannt zu machen. Es gelingt ihm leicht, eine Vernetzung zwischen dem Künstler, der keine Geschäfte macht, und der Bankiersfrau herzustellen, die gerade dabei ist, ihre Villa neu einzurichten. Er ist belesen und an vielem interessiert, überall, wo es etwas zu sehen und zu hören gibt, ist Michael dabei. Er ist heute hier und morgen da. Verweilen, innehalten und nachspüren, was sein Inneres ihm sagt, vermeidet er. Aber dort wo Not ist, kann er sein soziales Geschick einbringen. Es scheint fast so, als sei er völlig selbstlos, wenn es um die Betreuung eines behinderten Menschen geht oder um eine Art Lebensbegleitung für Menschen, die in Lebenskrisen stecken. Michael ist dann zur Stelle, und seine Hilfsbereitschaft und sein Einsatz scheinen ehrlich gemeint zu sein. Da er sein Engagement in sehr vielen Bereichen einbringt, ist es ihm allerdings nicht möglich, auf all seine Projekte tiefer einzugehen, all seine Versprechen einzuhalten und seine Ideen umzusetzen. Immer dann, wenn eine Situation eine klare Position und Haltung erfordert, wenn es darum geht, konkret zu werden, seine eigene Emotion wahrzunehmen, ist er nicht mehr präsent. – Michael hat Gründe, so zu handeln. Doch was veranlasst ihn dazu? Was erhofft oder wünscht er sich denn tatsächlich, oder vor was versucht er, sich zu schützen? Belohnt er sich mit Anerkennung im Außen? Wenn es Michael gelingt, sich selbst eine ehrliche Antwort darauf zu geben, wird er aus seinem Dilemma herausfinden.

Lena war eine frischgebackene Designerin und gerade dabei, sich selbstständig zu machen. Für ihre Selbstständigkeit benötigte sie Flyer, die sie bekannt machen sollten. Als Designerin sollte ihr das Gestalten ihres Flyers eigentlich nicht schwerfallen, doch jeder Entwurf landete im Papierkorb. Sie fragte ihre Kollegen um deren Meinung, und alle waren bemüht und gaben Ratschläge. In einer Beratungsstunde fragte ich Lena: »Was hast du davon, wenn du andere fragst und noch keinen Flyer gestaltet hast?« Beim ersten Mal bekam ich die Antwort: »Mir kommen so viele Ideen, dass ich mich nicht entscheiden kann.« Beim zweiten Mal antwortete sie: »Mehrere Augen können mehr beurteilen.« Erst als ich das dritte Mal dieselbe Frage beharrlich noch einmal stellte, antwortete sie: »Ich möchte von anderen wahrgenommen und ernst genommen werden.« Erst als Lena begriff, welche Gründe hinter ihrem Verhalten steckten, fand sie für sich eine Lösung. Wochen später fand ich ihren Flyer in meinem Briefkasten – mit einem wunderschönen Design.

In unserer Gesellschaft haben wir uns an Unehrlichkeit gewöhnt, so dass wir manchmal nicht mehr wissen, was

Ehrlichkeit wirklich ist. Doch mit unserer eigenen Ehrlichkeit finden wir zu unserer Selbstachtung und können den anderen für sich selbst sorgen lassen. Würde uns dies gelingen, gäbe es weniger Ehescheidungen und weniger Kriege.

Wir alle sind nicht davor gefeit, unser Handeln so auszurichten, damit wir dafür vermeintlich belohnt werden, wir haben Gründe für unser Verhalten. Doch um unseren wahren Gründen auf die Spur zu kommen, sollten wir alle unaufrichtigen Antworten beiseitelassen und uns folgende Fragen stellen:

- Welchen Gewinn habe ich durch mein Verhalten?
- Was hält mich davon ab, es so zu machen, wie ich es eigentlich möchte?

Fragen wir uns dies drei Mal, weichen wir uns oft mindestens zwei Mal aus. Doch beim dritten Mal werden wir unsere eigene Wahrheit und Antwort finden.

Haben wir die wahren Beweggründe für unser Handeln gefunden, sind wir ehrlich zu uns selbst. Wir kommen uns selbst einen wesentlichen Schritt näher – meistens spüren wir dann Erleichterung. Die Grundvoraussetzung, um etwas in unserem Leben zu verändern, ist dann gegeben. Doch schauen wir noch auf andere Aspekte:

Zeit der Veränderung

... wenn Kompetenz mit Manipulation und Kompensation verwechselt wird

Kompetenz ist heute das Schlagwort im Management, in der Personalberatung, der Psychologie, ja es hält sogar Einzug in der Pädagogik. Doch was heißt denn »kompetent sein«? Was macht Kompetenz aus? Aus meiner Erfahrung heraus hat Kompetenz etwas damit zu tun, situationsbezogen stressfrei handeln zu können. Wenn aber Angst und Unsicherheit in Gruppenprozessen auftauchen, neigen wir Menschen dazu, kompensatorische Strategien zu entwickeln, um dem eigentlichen Problem ausweichen zu können. Wir beginnen dann, Menschen und Dinge zu manipulieren oder Ersatzhandlungen zu entwickeln. Wir haben Angst, unsere Positionen zu verlieren, und schnell sind wir in einem teuflischen Spiel von Macht, Neid und Missgunst verstrickt.

Eine Freundin, die seit Jahren in großen Unternehmen im Bereich Marketing und Sales tätig ist, beschreibt die Situation so: »In den großen Unternehmen unserer Gesellschaft herrscht eine Philosophie, die oft menschenunwürdig erscheint, und doch spielen viele Mitarbeiter aus Angst und Verunsicherung das Spiel mit. Doch zu welchem Preis? Nach dem Motto: Ich setze mein Zielvorgaben möglichst ohne große Konflikte durch. Meine persönlichen, beruflichen Ziele haben Priorität. Ich kann meine Umgebung und Mitarbeiter so manipulieren, dass sie es möglichst nicht durchschauen, aber dass es meinen Zielen dient. Die Erfolge meiner Mitarbeiter sind meine eigenen, die Fehler meiner Mitarbeiter und meine sind nicht meine Fehler, sondern die der anderen. Ich gebe mich nach außen als Menschenfreund mit hoher Sozialkompetenz. Ich trenne meine berufliche Person strikt von meiner privaten. Ich lasse wenig Spielraum für Neues in meinem Bereich zu, denn ich habe Angst, ich könnte dadurch an Macht und meine Position verlieren.«

Wir neigen dann dazu, für Situationen, die uns herausfordern oder unangenehm sind, Strategien und Ersatzhandlungen zu entwickeln. Doch vor lauter Strategien laufen wir Gefahr, uns immer mehr selbst zu verlieren.

Wer bin ich und was macht mich aus? Warum bin ich hier und was ist meine Bestimmung? Zum Ausgleich gehen wir gerne auf einen Trip in die Natur. Damit wir uns wieder spüren – oder das, was davon übrig ist. Mit welchem Erfolg? Die meisten kehren doch wieder in ihren gewohnten Alltag zurück, oder wir bekommen einen Burn-out oder eine Krankheit, die viel Zeit braucht. Wir beginnen dann zu überlegen, uns zu besinnen, und vielleicht gelingt es uns dadurch, in unser Inneres zu schauen. Manch einer begibt sich auf den Jakobsweg oder bucht ein Wochenendseminar im Kloster. In solchen emotionalen Krisen haben wir, wenn wir Glück haben, einen guten Gesprächstherapeuten, wir haben Kinder und Enkel, mit denen wir die Freizeit genießen, oder wir machen Urlaub auf der Wellnessinsel. Doch leider werden wir oft von unserem Alltag und unserem Berufsleben wieder eingeholt. Das Ergebnis: Wir leben in einer verunsicherten Gesellschaft, die zwar relativ im finanziellen Wohlstand lebt, aber emotional arm ist, ja vielleicht ärmer als die ärmsten Menschen unserer Welt.

Das heutige Leben wird rational begründet, was zählt, sind Fakten und Zahlen, mit Hilfe von Marktanalysen und Evaluierungen werden Konzepte erarbeitet und Erfolgsstrategien entwickelt. Interessant ist jedoch, dass die Grundlagen unserer Handlungsweisen doch sehr viel älter und auch mythischen Ursprungs sind. Werden wir uns dessen bewusst, können wir sie nutzen. Auch der moderne

Mensch hat mythische Bedürfnisse und Ausdrucksweisen. Doch wir neigen dazu, sie zu vernachlässigen. Wer sie anerkennt, kann mit den mythischen Wirkmechanismen das eigene Handlungsspektrum maßgeblich erweitern und nutzen.[8] Das mythische Bewusstsein beschäftigt sich mit inneren Zusammenhängen und beschreibt diese in Geschichten und Mythen. Dagegen fokussiert sich das rationale Bewusstsein auf die materielle Außenwelt und erklärt sie mit Theorien und Zahlen. Das rationale Bewusstsein ist jünger, aber das mythische ist auch heute noch vielfach präsent, evolutiv gesehen verankert in den älteren Arealen unseres Gehirns und es wirkt sich weiterhin kraftvoll aus, ohne dass es uns bewusst ist. Es hat Einfluss auf unser Handeln, auch wenn wir glauben, nahezu alles über unseren Verstand steuern zu können. Aus der Gehirnforschung wissen wir jedoch, dass uns dies kaum gelingt, da der reflexgesteuerte, unbewusste Teil unseres Gehirns (Stammhirn) unser Verhalten viel mehr steuert, als uns dies bewusst ist.

Ein Beispiel: Eine IT-Fachfrau wurde von ihrem Chef zu einer Teamsitzung eingeladen. Auf die Bitte, ein paar Minuten später erscheinen zu dürfen, um noch eine wichtige Mail an einen Kunden schreiben zu können, erwiderte ihr Vorgesetzter, dass er wünsche, dass auch sie pünktlich sein solle, da es sich um eine erste Sitzung im neuen Team handle. Die IT-Fachfrau, ich nenne sie Mäggi, fügte sich, wenn auch innerlich sehr wütend. Vor sich hin schimpfend suchte sie eilig die Besprechungsunterlagen zusammen und stürzte in den Aufzug. Dort begegnete ihr die junge, hübsche Sales Junior Managerin mit den Worten: »Der Chef lässt nach dir suchen, da bist du ja endlich!« Mäggi entgegnete ihrer Kollegin nichts, ihre Wut unterdrückend beschäftigte sie sich mit ihrem iPhone. Mit eisiger Miene betrat sie das Besprechungszimmer, wo das ganze Team schon versammelt war. Mäggi knallte kraftvoll, so dass es für jeden deutlich hörbar war, ihre Arbeitsunterlagen auf den Tisch. Der Besprechung folgte sie mit starrer Haltung. Erst Stunden später konnte Mäggi ihr Verhalten reflektieren. In der Stresssituation selbst hatte sie keinen Zugriff auf ihren Verstand (Neokortex), der sie befähigt hätte, vernunftgesteuert und bedacht zu handeln.

In stressfreien Situationen sind wir gleichermaßen kopf- und gefühlsgesteuert. Nur mit dieser Selbstwahrnehmung kann es gelingen, die großen Zusammenhänge in Prozessen zu erkennen und entsprechend weise und weitsichtig Entscheidungen zu treffen.

Mythische Bedürfnisse sind auch für die persönliche Gesundheit sehr wesentlich. Wer sich in einem Umfeld bewegt, das vorgibt, nur rational zu sein, wer dabei versucht, selbst auch möglichst rational zu sein, vernachlässigt automatisch seine eigenen mythischen Anteile. Und ziemlich sicher auch die seiner Mitmenschen. Das kann lange gut gehen, vor allem wenn der Erfolg trägt. Doch in Zeiten von Unsicherheit bietet das rationale Bewusstsein kaum

Ankerpunkte für die existenzielle Gesundheit. Der Körper erholt sich im Fitnessstudio, die Seele in mythischen Gefilden. Und Burn-out ist, wie schon erwähnt, das aktuelle Schlagwort für die Vernachlässigung mythischer Bedürfnisse bei sich selbst.

Sind wir dazu bereit, unsere Bedürfnisse ehrlich wahrzunehmen, werden wir uns eingestehen müssen, dass auch unser Denken und Handeln oft recht einfach gestrickt ist: Wir haben gelernt, Situationen zu analysieren, aber wir kommen aus unserer »Schwarz-weiß-Strategie« oft nicht heraus. Doch Analysieren und Verstehen sind nicht Wahrnehmen, sie entspringen dem Teil unseres Bewusstseins (Vorderhirn), der leicht von den Illusionen um uns herum manipuliert und kontrolliert wird. Und so ist es sehr einfach, zum Beispiel bei kriminellen Delikten, einen Täter zu bestrafen und einem Opfer zu glauben. Dabei geht es doch eigentlich darum, zu erfahren, was Täter und Opfer brauchen, um ihre Erfahrungen heilen zu können. Aus Erfahrungen können wir lernen, sie beeinflussen und prägen unser weiteres Verhalten. Erst wenn wir diesen Prozess klar erkennen, kann auch Heilung stattfinden. Wenn das Wiedererlangen eines Gleichgewichts im Mittelpunkt steht, geht es nicht mehr um Täter und Opfer und die damit verbundene Wertung.

Oft werden Täter auch Opfer von Psychologismen. Dies sind Verhaltensdeutungen, die oft nichts darüber aussagen, was ein Mensch tatsächlich tut und wie er die Welt wahrnimmt. Psychologismen sind daher meist irreführend, ja sogar gefährlich, da sie Menschen kategorisieren und wir damit Gefahr laufen, die individuelle Wahrnehmung und Wirklichkeit eines Menschen zu negieren. So ist es doch fast naiv zu glauben, dass unsere Wahrnehmungen ausschließlich auf dem basieren, was beobachtet, gemessen und bewiesen werden kann. Halten wir daran fest, dass nur das, was wir wahrnehmen, existiert und real ist, versuchen wir, unsere Welt auf ein ganz schmales Band des Verstehens zu vereinfachen und zu reduzieren.[9]

Wie viel Weisheit riskieren wir in einer Welt zu verlieren, in der das Bewusstsein für die großen Zusammenhänge und das Entstehen verschiedener Prozesse nicht mehr vorhanden ist?[10] Unsere Gesellschaft wird von der Wissenschaft geprägt, sie wird als Wahrheit empfunden, doch Wissenschaft ist Wahrheit unter bestimmten Bedingungen.

Innerer Raum und Schweigen
führen über die Grenzen
des Bewusstseins.

Krishnamurti

… wenn Action Leere füllen soll

In den vielen Beratungsstunden, die ich mit Erwachsenen und Kinder erlebte, war oft zu spüren, wie viel Hektik und Stress den Familienalltag begleiten. Nicht nur das Berufsleben der Erwachsenen, sondern auch der Kinderalltag ist nach einem strengen Aktionsplan geregelt. Gestresste Mütter fahren ihre Kinder zu Freizeit- und Förderangeboten wie Sport-, Musik- und Nachhilfeunterricht. Über E-Mails und Smartphones sind wir immer erreichbar und jederzeit abrufbar. Und haben wir einmal Zeit, tendieren wir dazu, schnell mal übers Wochenende 500 Kilometer zu fahren, um Freunde zu besuchen. Freie Zeit ist also kostbar und muss genutzt werden. Am besten scheint es uns zu gehen, wenn wir noch mal eben auf der Party vorbeischauen und am Sonntag pünktlich auf der Skipiste stehen, weil`s grad mal super Schnee gibt. Nur keine Langeweile aufkommen lassen, denn das ist ein verdammt unangenehmes Gefühl. Warum? Wir wären dann gezwungen innezuhalten, wir würden nachdenken müssen, wir müssten vielleicht Stille oder seltsame Gefühle von Leere wahrnehmen.

Doch unsere technisierte Welt kann dem ja Abhilfe schaffen: Ob iPod, DVD, PC oder TV, unseren Kindern wird schon von klein auf beigebracht, sich von unseren Medien berieseln zu lassen. In der U-Bahn, auf dem Fahrrad, ja sogar auf der Skipiste lassen wir uns von dem Ohrstöpsel betäuben – oder sollten wir sagen »stimulieren«, um ja gut drauf zu sein?

Manchmal vermisse ich die Zeit meiner Kindheit, in der wir an Sommer- wie Wintertagen unsere Zeit beim Spielen im Freien vergaßen. Wir gingen Schlittschuh laufen und rodeln oder streunten in der Nachbarschaft umher, die Sommernachmittage verbrachten wir am See, wir vermissten keine Handys und iPhones und abends waren wir müde und genossen den stillen, zu Ende gehenden Tag. Ich vermisse diese Zeit nicht meinetwegen oder meiner Kinder wegen, denn sie konnten dies noch erfahren, ich vermisse es für all unsere Kinder und Jugendlichen und stressgeplagten Menschen, die »lange Weile« als solches nicht mehr erfahren dürfen, die Stille nicht mehr erfahren wollen und Ablenkung wie eine Art Droge brauchen, um ja nicht wahrzunehmen.

»Lange Weile« haben birgt Entfaltung, enthält Muse und lässt uns Kreativität entwickeln. Sie hilft uns, uns selbst wahrzunehmen, zu spüren und innezuhalten. Das sorgt auch für seelisches Gleichgewicht und Gesundheit. Dadurch stärken wir uns für neue Aktivitäten. Stille wahrzunehmen, schärft unsere Sinne, Ablenkung dagegen »schützt« uns vor uns selbst, vor unserer Angst vor Leere und vor unserer Angst zu fallen.

Raum für sich zu haben und Stille sind notwendig, um über die Begrenzung unseres Bewusstseins, unserer Wahrnehmung hinauszugelangen. Aber wie gelingt uns dies, wenn wir unaufhörlich tätig sind? Der ständige Kampf, um etwas zu erreichen, zu erlangen, zu erwerben, scheint eines der größten Hindernisse im Leben zu sein. Wir werden von Kindheit an geschult, zu erwerben und ein Ziel zu erreichen. Das Leben, das wir führen, kennt kaum noch Alleinsein, doch vielleicht ist es genau das, was wir wieder üben sollten.

Es gibt keine großen Entdeckungen
und Fortschritte, solange es noch
ein unglückliches Kind auf Erden gibt.

Albert Einstein

… wenn Kinder Opfer einer verunsicherten Erwachsenenwelt sind

Viel schlimmer und zerstörerischer ist es, wenn Kinder Opfer unserer verunsicherten Welt werden. Bildung, Politik und Wirtschaft tragen ihre Konflikte oft auf dem Rücken der Schwächsten und Ärmsten unserer Gesellschaft aus. So fließen unendlich viele Gelder in falsche Kanäle, doch Kinderarmut und Missbrauch gehören zu unserem Alltag. Wir Erwachsene versuchen, unsere Kinder in unsere Normvorstellungen zu pressen, wir entscheiden für sie, was richtig und falsch ist, wir missbrauchen sie, um unser Ego zu befriedigen. Doch sind es nicht unsere Kinder, die unsere Zukunft bestimmen und die Welt von morgen gestalten?

Lehrer und Eltern sind verunsichert, wenn kindliche Verhaltensmuster nicht ganz der Norm entsprechen. Sie werden dann vorschnell als Krankheiten definiert und in »Schubladen« eingeordnet, um nicht dafür verantwortlich sein zu müssen. Dadurch wird verhindert, dass nach neuen

Chancen und Möglichkeiten gesucht wird, dass neue Sichtweisen entstehen können, dass vielleicht auch ein »Anderssein« als Fortschritt und Chance verstanden wird.

Unsere Kinder lernen nur noch selten, wie man etwas macht, und entdecken selten, wie das, was sie lernen, zustande gekommen ist, sie lernen oft Tatsachen. Auch der PC im Schul- und Kinderzimmer dient leider schon lange nicht mehr nur der Informations- und Wissensvermittlung, sondern durch die vielen Internetportale laufen immer mehr Kinder und Jugendliche Gefahr, sich zu isolieren und zurückzuziehen. Soziale Fähigkeiten und prozesshafte Erfahrungen für das Leben gehen dadurch verloren. Beim Lernen kann die Erfahrung nicht nur durch den Inhalt ersetzt werden. Oft ist es gerade der Lernprozess, der den Inhalt lebendig werden lässt. Lernen ist ein Prozess der Erfahrung und Entfaltung – kein Ereignis. Das zunehmende systematisierte Lernen und Unterrichten gefährdet die Natur des menschlichen Geistes ebenso wie der Verlust der gefährdeten Pflanzen- und Tierarten das Überleben des Planeten Erde bedroht. Denn eine wirkliche Betreuung würde darin bestehen, sich wie um einen Baum oder eine Pflanze zu bemühen, die man wässert, deren Bedürfnisse man studiert – man sorgt für den besten Boden und kümmert sich um sie mit aller Umsicht und Zartheit. Der Prozess des Lernens ist wie in einem Orchester: Jeder kann die Noten (den Inhalt) spielen, doch es ist die Art und Weise, wie der Dirigent die Noten zusammenbringt, dass sie zu

Musik werden. Denn so kann sich Kreativität entfalten, kann Neues entstehen und Genialität sich herausbilden.

Der Film *Part Time Kings* von Elke von Linde zeigt uns, wie viel Potenzial und Zuversicht in den Kindern und Jugendlichen unserer Welt liegt, wie viel Weisheit in ihren Worten liegt und wie viel Hoffnung sie für eine bessere Welt haben. Wir Erwachsene sollten ihnen Achtung schenken, ihnen Raum und Zeit zur Entfaltung lassen, vor allem sollten wir ihnen zuhören, denn sie haben uns etwas mitzuteilen. Auf die Frage »Wie sieht dein Traum von der Zukunft aus?«, antworteten Jugendliche aus fünf Kontinenten beispielsweise:

- »Ich wünsche mir Befreiung aus alten Strukturen, Befreiung von der Angst.«
- »Ich möchte als Mensch vollkommen sein, frei von destruktiven Gedanken und Ideologien.«
- »Ich möchte lernen, das Gute zu sehen, und mich immer wieder neu finden und nicht beschränken durch irgendeine Richtung.«

Wie viel Wahrheit liegt in den Worten dieser Kinder. Es ist unser aller Verantwortung, Sorge für sie zu tragen. Denn sterben Kinder, stirbt unsere Zukunft.

In der Liebe gibt es weder
Achtung noch Missachtung.
Liebe kennt keine Pflicht –
die Liebe löst alle Probleme –
Liebe ist völlige Selbstpreisgabe.

Krishnamurti

… wenn Krankheit den Lebensfluss blockiert

»Vergiss nicht, dich selbst zu lieben!«

Meine Freundin

Schon als Kind war sie neugierig und voller Kraft. In ihrer Schulzeit kämpfte sie für alles und für jeden. Dort, wo es etwas zu erfahren gab, stand sie vorne. In ihrer Jugend war sie rebellisch und kämpfte für Gerechtigkeit, das »Anderssein« und Weitblick. In ihrem Beruf als Krankenschwester fand sie den Weg zu den Menschen, und mit unbändiger Entdeckerlust nach mehr Wissen bildete sie sich zielstrebig zur Heilpraktikerin aus und spezialisierte sich auf die Ohrakupunktur nach der traditionellen chinesischen Medizin. Ihre Praxis war gut besucht, sie war für die Menschen da, die ihre Hilfe beanspruchten, sie fand immer positive, klare Worte, ihre Seminare und Vorträge waren gut besetzt, ihre Kraft schien unerschöpflich und ihre Energie übertrug sich auf ihre Mitmenschen. Ihren beiden Söhnen gab sie ihre ganze Liebe. Sie stellte sich den Herausforderungen des Lebens, meisterte sie mit scheinbarer Leichtigkeit. Sie wurde nie müde, nach Chancen und Möglichkeiten zu suchen, und sie wurde nie müde zu lernen. Ihren Platz fand sie in der alternativen Medizin, und ihre Visionen verband sie mit der Quantenphysik.

In ihrem 52. Lebensjahr bekam sie die schulmedizinische Diagnose Krebs. Betroffen und kämpferisch begegnete sie ihrem Krankheitsbild. Und mit ungeheurer Konsequenz begab sie sich auf den Weg, von dem sie nicht wusste, wohin er sie führen würde. Sie blieb sich und ihrer Überzeugung treu und suchte nach alternativmedizinischen Lösungen. Mit Achtsamkeit und Bewusstheit nahm sie jeden Tag aufs Neue wahr. Ihr eigenes Gesetz war es, keine Schwäche zu zeigen, und nur wenige Menschen wussten um ihr Leid, ihre Angst, ihr nächtelanges Wachliegen, Lesen und Erkunden, was mit ihrem Körper geschah.

Sie sah die Schönheit und Klarheit der Natur, die Sorgen und Nöte ihrer Lieben und sie blieb in Bewegung, denn Yin und Yang sollten fließen. Sie vergaß dabei manchmal, innezuhalten, sich zu schützen vor Menschen und Überforderung. Sie vergaß, dass es genügte, einfach nur da zu sein. Dabei konnte sie ihren innigsten Wunsch nach Nähe, den Wunsch, gehalten zu werden, ihre tiefe Sehnsucht, Geborgenheit zu erfahren, es wert zu sein, Zärtlichkeit erfahren zu dürfen, ihren nächsten Menschen nicht mitteilen. Die Erfahrung, getragen und gehalten zu werden, blieb ihr versagt. Sie vergaß, sich selbst zu lieben. Mit den Worten »Ich liebe euch alle« schlief sie zwei Jahre später an einem nebligen Novembertag im Kreise ihrer Familie ein.

Wenn wir bereit sind, unser Leben anzunehmen, indem wir unsere Aufgaben annehmen, verändert sich das Leben oft auf vollkommen neue, unvorhersehbare und viel kreativere Weise, als wir es uns vorstellen können. Damit uns dies aber gelingt, müssen wir erkennen, wie wichtig es ist, uns selbst annehmen zu können, und wie fundamental wichtig es ist, uns selbst lieben zu können. Wenn uns Eigenliebe fehlt, wird es sehr schwer sein, zum Beispiel eine Krankheit, die außer Kontrolle geraten ist, zu heilen.

Oft neigen wir Menschen dazu, dass wir andere dafür verantwortlich machen, was in unserem Leben passiert. Dabei richten wir unseren Fokus nach außen und müssen uns nicht mit uns selbst, unseren Gefühlen und unserem Leben auseinandersetzen. Solange wir nach außen hin orientiert sind, geben wir unsere persönliche Stärke und unsere Fähigkeit, uns selbst von innen heraus zu heilen, auf. Unser geistiges, seelisches und körperliches Gleichgewicht finden wir aber nur, indem wir nach innen schauen, um zu wissen, wer wir sind, was uns ausmacht und was wir wirklich brauchen.

Indem wir akzeptieren, dass sich unser Körper ständig verändert, haben wir viel mehr Möglichkeiten, auf ihn einzugehen und gesund zu bleiben. Wenn wir jedoch unseren Körper so wie unsere Häuser als statisch betrachten, nehmen wir uns die Möglichkeit zu lernen, uns selbst wahrzunehmen. Oft isolieren wir uns selbst und verschwenden viel von unserer Energie dafür, alles festzuhalten, so wie es gerade ist, um uns in scheinbarer Sicherheit zu wiegen. Wir schließen Versicherungen ab, lassen uns impfen gegen Krankheitserreger und planen unsere Zukunft mit Bausparverträgen, damit unser Eigenheim gesichert ist. Dabei bräuchten wir uns doch nur auf das, was ist, zu besinnen. Wie von selbst könnten wir wieder die Fähigkeit erlernen, unserem Körper zuzuhören.[11]

Gefühle, Erkenntnisse und Erinnerungen sind im Körper gespeichert, und immer wieder erfahre ich bei meiner Arbeit, wie viele Menschen das Gespür für die einfachsten Körperwahrnehmungen verloren haben. Doch wie der Hirnforscher Antonio Damasio sagt: »Der Körper ist die Landschaft der Gefühle.«

Als ich mich selbst zu lieben begann

»Als ich mich selbst zu lieben begann, habe ich verstanden, dass ich immer und bei jeder Gelegenheit zur richtigen Zeit am richtigen Ort bin und dass alles, was geschieht, richtig ist – von da an konnte ich ruhig sein. Heute weiß ich: Das nennt man ›VERTRAUEN‹.

Als ich mich selbst zu lieben begann, konnte ich erkennen, dass emotionaler Schmerz und Leid nur Warnung für mich sind, gegen meine eigene Wahrheit zu leben. Heute weiß ich, das nennt man ›AUTENTHISCH SEIN‹.

Als ich mich selbst zu lieben begann, habe ich aufgehört, mich nach einem anderen Leben zu sehnen, und konnte sehen, dass alles um mich herum eine Aufforderung zum Wachsen war. Heute weiß ich, das nennt man ›REIFE‹. Als ich mich selbst zu lieben begann, habe ich aufgehört, mich meiner freien Zeit zu berauben, und ich habe aufgehört, weiter grandiose Projekte für die Zukunft zu entwerfen. Heute mache ich nur das, was mir Spaß und Freude bereitet, was ich liebe und was mein Herz zum Lachen bringt, auf meine eigene Art und Weise und in meinem Tempo. Heute weiß ich, das nennt man ›EHRLICHKEIT‹.

Als ich mich selbst zu lieben begann, habe ich mich von allem befreit, was nicht gesund für mich war, von Speisen, Menschen, Dingen, Situationen und von allem, das mich immer wieder hinunterzog, weg von mir selbst. Anfangs nannte ich das ›GESUNDEN EGOISMUS‹, aber heute weiß ich, das ist ›SELBSTLIEBE‹. Als ich mich selbst zu lieben begann, habe ich aufgehört, immer recht haben zu wollen, so habe ich mich weniger geirrt. Heute habe ich erkannt, das nennt man ›DEMUT‹. Als ich mich selbst zu lieben begann, habe ich mich geweigert, weiter in der Vergangenheit zu leben und mich um meine Zukunft zu sorgen. Jetzt lebe ich nur mehr in diesem Augenblick, in dem ALLES stattfindet. So lebe ich heute jeden Tag und nenne es ›BEWUSSTHEIT‹.

Als ich mich selbst zu lieben begann, da erkannte ich, dass mich mein Denken armselig und krank machen kann, als ich jedoch meine Herzenskräfte anforderte, bekam der Verstand einen wichtigen Partner. Diese Verbindung nenne ich heute ›HERZENSWEISHEIT‹.

Wir brauchen uns nicht weiter vor Auseinandersetzungen, Konflikten und Problemen mit uns selbst und anderen zu fürchten, denn sogar Sterne knallen manchmal aufeinander und es entstehen neue Welten. Heute weiß ich, DAS IST DAS LEBEN!«

(Dieser Text wird vielfach Charlie Chaplin an seinem 70. Geburtstag am 16. April 1959 zugeschrieben. Ich habe inzwischen aber auch schon Stimmen gelesen, die an dessen Urheberschaft zweifeln.)

Zurück zu unseren Wurzeln

Während ich meine letzten Zeilen nochmals lese, bemerke ich, mit welcher Eile und Hast ich sie niedergeschrieben habe. Wir Menschen neigen dazu, die Augenblicke unseres Lebens nicht bewusst genug wahrzunehmen. Einerseits klagen wir über Stress und Hetze, andererseits fällt es uns schwer, Langeweile oder Stille auszuhalten. Die innere Leere, die sich dadurch in uns ausbreiten kann, macht uns Angst. Was fehlt uns, was ist uns abhandengekommen, was haben wir in unserer schnellen, reizüberfluteten Welt verloren?

Und doch, so glaube ich, scheint eine Kraft in uns zu sein. Dieser zu vertrauen, sie wiederzufinden und zu erfahren, kann zu unserer Heilung führen. Schamanen und Naturvölker wissen noch heute darum. Ich nenne es Urvertrauen.

Urvertrauen ... beginnt in der Schwangerschaft

Urvertrauen bedeutet: das Vertrauen haben, dass das Leben uns trägt. Urvertrauen muss erlebt und erfahren werden, man kann es nicht intellektuell erwerben. Die Natur hat es so eingerichtet, dass der heranwachsende Mensch im Mutterleib ein »Getragenwerden« erfährt. Dieses Getragenwerden ist die Basis für ein positives Heranwachsen und ein starkes »In-der-Welt-Sein«. Es erzeugt ein Einheitsgefühl, das die Bedingung ist für Zuversicht, eine positive Lebenseinstellung, Lebensmut, Mitmenschlichkeit, Vertrauen ins eigene Dasein und die »Ich-Werdung«. Das Getragenwerden vermittelt die Erfahrung: Es wird für mich gesorgt.

Die Art und Weise, wie eine Schwangerschaft verläuft, kann sehr prägend für das heranwachsende Kind sein. Nicht nur der körperliche Gesundheitszustand, sondern auch die psychische Stabilität der Mutter hat Einfluss auf das sich entwickelnde Kind im Mutterleib. So können Stressfaktoren, denen die werdende Mutter ausgesetzt ist, den Prozess des entstehenden Urvertrauens des Kindes beeinflussen. Doch nicht nur Stress, der im Außen entsteht, beeinträchtigt den Prozess der Bildung des Urvertrauens, oft ist es das fehlende Urvertrauen der werdenden Mutter selbst, das zu Verunsicherung und Ängsten führt. Während meiner Praxisarbeit erlebe ich immer wieder Frauen, die sich in ihrer Weiblichkeit nicht stark genug fühlen, denen das Vertrauen in ihren Körper fehlt und dadurch auch das Bewusstsein dafür, welch wunderbarer Prozess des Lebens und des Werdens während der Schwangerschaft vollzogen wird. Noch vor 100 Jahren war es selbstverständlich, dass die Mutter die Tochter in die Rituale der Weiblichkeit einführte. Es fand Initiation statt. Heute findet Aufklärung durch die Medien statt.

Begriffe wie »schweben«, »wohlige Wärme«, »sanfte Klänge«, »bewegt und berührt werden«, aber auch »ich werde gehört, ich werde geliebt, ich werde geachtet, ich bin erwünscht, ich bin eine Freude« haben im Urvertrauen ihren Anfang und können diesen Zustand wohl am besten beschreiben. Das spätere »In-der-Welt-Sein« erhält in diesem Stadium seine Prägung. Aus dem Urvertrauen entsteht eine Ursicherheit. Sie kostet nichts, muss nicht verdient werden, entsteht mit Leichtigkeit und Freude – sie ist der Samen, aus dem die Lebensfrucht erwächst.

Ist die Ursicherheit nicht gefestigt, können Zukunftsangst und die Weigerung, erwachsen zu werden, die Folge sein. Vielleicht ist das auch einer von vielen Gründen, warum immer mehr Menschen als Single leben und viele Paare sich dafür entscheiden, kinderlos zu bleiben. Bereit sein, Verantwortung für sich selbst und das Leben zu übernehmen, ist das wesentliche Kennzeichen eines erwachsenen Menschen. Jedoch fällt dies Menschen, die keine Ursicherheit erfahren haben, sehr schwer, und sie können sie dann auch nicht an ihre Kinder weitergeben.

Ursicherheit ist der Ausgangspunkt und die Grundlage unseres Lebens – daher ist es so wichtig, sie zu erfahren.[12]

Die Bedeutung der Geburt – das Heraustreten aus der Einheit

Die Geburt eines Kindes ist sehr viel mehr als ein medizinisch sauber durchführbarer Akt: Hat eine Frau zum Beispiel zu wenig Ursicherheit erfahren, so bieten ihr gerade Schwangerschaft und Geburt eine Chance, Ursicherheit und Vertrauen in das Leben zu entwickeln – und dies kommt sowohl ihr selbst als Individuum zugute als auch ihrem Kind, dem sie auf diese Weise ein gutes Lebensgefühl mit auf den Lebensweg gibt. Diese Sichtweise kommt heute allerdings leider viel zu kurz – wir haben uns daran gewöhnt, auch die Geburt eines Kindes fast nur aus der wissenschaftlichen Perspektive zu betrachten. Um es noch einmal deutlicher zu sagen: Das Problem, das immer mehr werdende Mütter heutzutage haben, ist, dass sie nur wenig Vertrauen in den eigenen, weiblichen Körper haben, das Vertrauen in eine Art Urkraft, die uns trägt und die in uns verborgen ist. Das Bewusstsein dafür, dass das mütterliche System in uns steckt. Es ist die Fähigkeit, aus sich heraus zu nähren und zu bewahren. Es ist die Fähigkeit, allumfassend fürsorglich zu sein, es ist die Fähigkeit, den zyklischen, pulsierenden Schmerzen der Geburt zu begegnen, sie zu verarbeiten, es ist die Fähigkeit, diese Urkraft, die in uns steckt, dem neugeborenen Menschen mitzugeben.

Sehr viel seltener wird beleuchtet, was ein Kaiserschnitt für die Entwicklung eines Kindes bedeutet und welche Folgen daraus erwachsen können. In der langjährigen Beratungsarbeit innerhalb der Praktischen Pädagogik haben wir festgestellt, dass bei Kindern mit Lern- und Verhaltensproblemen weit über dem Durchschnittswert Kaiserschnittgeburten vorliegen (bis zu 50 Prozent). Daher erscheint es mir dringend notwendig, die Wichtigkeit der natürlichen Geburt für die Entwicklung eines Kindes hervorzuheben und die Auswirkungen einer Kaiserschnittgeburt dringend noch näher zu untersuchen.

Es ist kaum bekannt, welchen Einfluss die Art und Weise der Geburt auf das spätere Leben, Lernen und Verhalten eines Kindes und auch auf den erwachsenen Menschen haben kann. Die Geburt ist die erste Erfahrung, die ein Mensch außerhalb des Mutterleibes macht, und ist somit ein unbewusstes, tiefgreifendes Ereignis für das gesamte Leben. Sie ist die erste prägende Erfahrung beim Eintritt in das Leben. Neurologisch hinterlässt diese Erfahrung erste Spuren im Gehirn (Synapsenverbindungen), auf die immer wieder zurückgegriffen werden kann, wenn es im späteren Leben darum geht, Krisen oder Stresssituationen zu überwinden oder zu bewältigen.

So ist es nicht verwunderlich, dass beispielsweise der Kindergarten- oder Schuleintritt, wodurch der erste bewusste Ablösungsprozess eines Kindes aus seiner nächsten Umgebung stattfindet, für das Gehirn eine ähnliche Situation darstellt wie die Geburt und dass das Kind daher auf die schon bekannte Verarbeitungsstrategie (synaptische Verbindung) zurückgreift. Lern- und Lebenssituationen, die stressbesetzt sind, setzt das Gehirn mit den bisherigen Stresserfahrungen gleich. Ein neuer Lebensabschnitt, auch ein Neuanfang im Leben eines Erwachsenen, kann vom Gehirn ähnlich verarbeitet werden wie die Geburt selbst. Daher ist es von großer Bedeutung, wie die Geburt verlief und ob der Geburtsstress positiv oder negativ bewältigt wurde.

Immer mehr Kinder kommen per Kaiserschnitt zur Welt

Immer mehr Frauen entscheiden sich gegen eine natürliche Geburt. Im Jahr 2008 waren es in Deutschland bereits 30 Prozent aller Geburten, und die Tendenz ist weiter steigend. Eine »normale« Geburt rechnet sich für viele Kliniken nicht mehr. Sie muss durch die Einnahmen bei Kaiserschnitten subventioniert werden. Von Geburtsmedizinern hört man: »Spontangeburten stellen ein finanzielles Problem für geburtshilfliche Kliniken dar. Es ist somit nicht auszuschließen, dass wirtschaftliche Aspekte, zumindest partiell, zu einer steigenden Kaiserschnittrate führen.«[13] **Etwa 50 Prozent aller Kinder und etwa 20 Prozent der Erwachsenen, die unsere Beratungspraxen besuchen, sind Kaiserschnittgeburten. Anhand dieses Erfahrungswertes sehen wir einen großen Zusammenhang zwischen Kaiserschnitt und Lern- und Verhaltensproblemen sowie Stresssymptomen.** Die Neurologie bestätigt unsere Erfahrungen.

Erfahrungen aus der täglichen Praxis zeigen, dass sich Defizite und Geburtsstresserfahrungen in verschiedenen Formen auf die schulischen Leistungen und das Verhalten der Kinder wie auch das der Erwachsenen auswirken. Kaiserschnittkinder ziehen oft ganz andere Schlussfolgerungen über das Leben als Kinder, die vaginal geboren wurden. Da sie am Geburtsvorgang nicht aktiv teilgenommen haben, nehmen sie häufig die Haltung eines Menschen ein, der sagt: »Ihr habt mich geholt, also macht mal! Ich kann sowieso nichts tun!«

Der Hauptunterschied zur vaginalen Geburt liegt bei der Kaiserschnittgeburt darin, dass der Übergang vom Leben im Mutterleib zum Leben in der Welt sehr viel schneller vor sich geht. Somit kommt es zu keinem Geburtserlebnis. Doch der natürliche Geburtsvorgang macht die Geburt erst zum Erlebnis: Mutter und Kind trennen sich in einem bewussten und wachen Zustand voneinander und öffnen sich gleichzeitig bedingungslos füreinander, um sich nach dem Trennungsvorgang in einer neuen Form wiederzufinden und eine neue Einheit zu bilden. Indem die Frau ihr Kind empfängt, verwandelt sie sich in eine Mutter und entlässt ihr Kind in seine Freiheit und Individualität. Bei der Schnittentbindung können diese Prozesse nicht in dieser intensiven Form stattfinden: Das Kind ist allein und unvorbereitet. Es kann nicht verstehen, was geschieht, und reagiert desorientiert. Es hat nicht durch die Geburt gelernt, seine Kraft zu gebrauchen und zu reagieren. Kaiserschnittkinder haben daher oft Schwierigkeiten mit Prozessen, die sukzessiv/stufenweise verlaufen, und meistens auch damit, bestimmte Aufgaben oder Vorhaben zum Abschluss zu bringen. Sie haben wenig Durchsetzungs- und Durchhaltevermögen. Da sie aus dem Mutterleib »gerettet« wurden, erwarten sie manchmal, dass sie später, wenn sie in schwierige Lebenssituationen geraten, ebenfalls gerettet werden, und sie unternehmen nicht die geringste Anstrengung, ihre Probleme selbst zu lösen. Sie haben außerdem oft Angst davor, verlassen und alleingelassen zu werden.

Seit Dezember 2012 wird eine neue Geburtsmethode gepriesen: Die sogenannte **»Kaisergeburt«** soll eine sanfte Variante des Kaiserschnitts sein und eine natürliche Geburt simulieren. Das OP-Tuch wird beiseitegelegt und dann soll das Baby sanft aus dem Mutterleib gezogen werden. Die Mutter darf sogar mit pressen und zusehen, bevor ihr der Säugling auf den Bauch gelegt wird. Hebammen sind skeptisch bis entsetzt: Für sie bleibt die Sectio ein schwerwiegender chirurgischer Eingriff, der Notfällen vorbehalten sein sollte. Sie befürchten bereits, die neue OP-Technik könnte den Trend zum schnellen Schnitt befördern und noch mehr in die Lifestyle-Ecke rücken. Kritiker meinen auch: Ein Grund ist die Angst von Ärzten und Kliniken vor Haftungsklagen, etwa wenn ein Kind bei der natürlichen Geburt einen Sauerstoffmangel erleidet. Und viele Ärzte stehen lieber am OP-Tisch als im

Kreißsaal. »Geburtsmedizin ist ein Handwerk, das gerade ausstirbt«, sagt ein Erdinger Frauenarzt Michael Butterwegge, »wenn das so weitergeht, müssen wir in zehn Jahren fast alles schneiden.«[14] Der Kaiserschnitt – oder eben die neu beworbene »Kaisergeburt« – ohne dass ein Notfall vorliegt, mag medizinisch machbar sein, aus pädagogischer und evolutiver Sicht ist er jedoch nicht zu vertreten.

Auch die sogenannte **Trockengeburt** kann prägend sein für einen Menschen.

Trockengeburt bedeutet, dass die Fruchtblase zu früh platzt, dass Fruchtwasser schon vor der Geburt ausläuft und somit die Passage des Neugeborenen durch den Geburtskanal nicht erleichtert. Die Reise durch den Geburtskanal ist dadurch ein größerer Kampf, da die zusätzliche Gleitflüssigkeit des Fruchtwassers fehlt. Menschen, die durch eine Trockengeburt zur Welt kommen, schließen aus dieser ersten Erfahrung oft, dass sie für ihr Überleben oder für ihre Existenz ständig kämpfen müssen – ganz nach dem Motto: »Nichts ist leicht, alles ist schwer.«

Bei der **Frühgeburt** wird das Kind so frühzeitig vor Ende der Schwangerschaft geboren, dass es in den Brutkasten muss. Die Erfahrungen einer Frühgeburt sind von Mensch zu Mensch sehr verschieden und hängen oft von den Gründen für die vorzeitige Entbindung ab. Das Befinden der

Mutter während der Schwangerschaft kann dabei eine bedeutende Rolle spielen. Menschen, die Frühgeburten sind, haben häufig größere Schwierigkeiten mit der Zeit. Dies kann sich beispielsweise in Verspätungen oder der Angst vor dem Zuspätkommen zeigen. Die Brutkastenerfahrung kann zudem dazu führen, dass diese Menschen Schwierigkeiten haben, die Wärme und Nähe anderer Menschen anzunehmen.

Steißlagengeburten sind ebenfalls oft mit negativem Stress belegt, da die Kinder den vaginalen Geburtskanal nicht mit dem Kopf zuerst verlassen. Diese Entbindungen sind meist auch schwierig für die Mutter, da ihr Körper für eine Entbindung mit dem Kopf voran eingerichtet ist.

Auch die Anästhesie darf nicht unerwähnt bleiben. Betäubung und Desorientierung, die durch Anästhesie bewirkt werden und die dem Kind durch das angstbesetzte Geburtserlebnis geholfen haben, können jedoch seine Wahrnehmung verändern.[15]

Die Wurzel eines jeden Lebens ist die Geburt, und die Geburt selbst ist ein höchst evolutiver Prozess, in den nur im Notfall eingegriffen werden sollte. Sich dem Fluss des Lebens hingeben können, heißt, weise zu sein, mit Weitsicht und Flexibilität jedem Tag neu zu begegnen, neugierig zu sein, mutig zu sein, Kraft und das tiefe Wissen um unser Urvertrauen zu haben, das uns durchs Leben trägt.

Die natürliche Geburt ist die Pforte,
die uns die Möglichkeit bietet, unseren Körper
bewusst wahrzunehmen. Aus dem Paradies,
dem Mutterleib, »vertrieben«, treten wir ins Licht
hinaus und werden aufgefordert, uns in der Welt zu
bewegen und zu bewähren.
Vielleicht ist dies der Augenblick, in dem
wir dem Himmel am nächsten sind.

Jede Geburt ist einmalig

Eine Hebamme erzählt:

Eine entspannte Geburt

Das Paar kam am späten Nachmittag zu uns in den Kreißsaal. Zum Zeitpunkt ihrer Ankunft war der Muttermund der Schwangeren bereits fünf Zentimeter weit geöffnet. Die Frau hatte zwar bereits seit dem frühen Morgen Wehen, war aber so lange wie möglich zu Hause geblieben. Sie hatte versucht, sich zu entspannen, ein Bad genommen, einen Spaziergang gemacht und sich so zunächst die Zeit genommen, sich in dieser ungewohnten und unbekannten Situation einzuleben.

Es wurde schon langsam dunkel, und es war insgesamt sehr ruhig im Kreißsaal. Die Frau ruhte in sich. Sie hatte Vertrauen in ihren Körper und war vom Wehenschmerz weder beängstigt noch überfordert. Man konnte sie gut allein lassen, sie atmete zum richtigen Zeitpunkt ein und wieder aus. In den nächsten drei Stunden dehnte sich der Muttermund auf zehn Zentimeter. Auch während der darauffolgenden Presswehen konnte man die Frau gut anleiten. Sie presste, wenn sie die Aufforderung dazu bekam, konnte der Hebamme in die Augen schauen und behielt bis zur Geburt die Kontrolle über sich und ihren Körper. Sie wurde vom Schmerz nicht übermannt und konnte ihm gut begegnen.

Diese Frau hatte wenig Angst. Auch hatte sie das Glück, ihre Wehen gut veratmen und den Schmerz gut verkraften zu können. Sie ruhte ganz in ihrem Urvertrauen.

Die angespannte Gebärende

Helene kam mit vollständig geschlossenem Muttermund und sehr, sehr früh in den Kreißsaal. Sie hatte erst seit drei Stunden Wehen, diese kamen ihr aber bereits jetzt so stark vor, dass sie sich nicht mehr getraut hatte, zu Hause zu bleiben. Sie lag im Wehenzimmer und veratmete ihre Wehen. Nach drei Stunden war der Muttermund erst zwei Zentimeter weit geöffnet. Helene ging auf keinen Vorschlag der Hebamme ein. Sie wollte nicht spazieren, wollte nicht baden, nichts essen und sich auf keine andere Art ablenken. Ihr kam der Schmerz riesig und der Weg bis zur Geburt des Kindes zu lang und zu steil vor. Irgendwann setzte man ihr eine PDA (Periduralanästhesie). Dadurch spürte sie die Wehen nur noch als Druck und nicht mehr als Schmerz. Sie konnte nun Kraft sammeln, herumgehen und sich ausruhen. Durch diese Entspannung öffnete sich auch der Muttermund mehr und mehr. Als die Presswehen kamen, hatte die PDA nachgelassen. Helene hatte die Pause gutgetan, und mit den Presswehen kam das Gefühl, wieder aktiv zur Geburt des Kindes beitragen zu können und dem Geburtsgeschehen nicht mehr passiv ausgesetzt zu sein.

Diese Frau hatte starke, schmerzhafte, fast lähmende Wehen. Erst durch das Betäuben des Schmerzes konnte sie sich entspannen und fand einen neuen Zugang zu der Situation. Erst dann hatte sie Zeit, sich auf den Gebärprozess einzulassen, und ganz allmählich fand sie zu ihrem Urvertrauen zurück und konnte die Geburt positiv meistern.

Geburt mit der Saugglocke

Diese Geburt begann ganz normal. Der Muttermund öffnete sich langsam, aber stetig. Zum Problem wurden hier erst die Presswehen. Der Kopf des Kindes trat nicht tiefer. Die Frau presste und presste, aber ein kleines Stück fehlte einfach, dass das Köpfchen weiter nach unten glitt. Am Ende half der Arzt mit einer Saugglocke nach. Diese setzte er am Kopf des Kindes an und half der pressenden Frau in der Wehe, indem er das Kind nach draußen zog. Solche Geburten enden sehr chaotisch. Alles muss schnell gehen aus Angst um Mutter und Kind. Die Mütter sind danach oft frustriert, weil sie es nicht allein geschafft haben. In solch einer Situation hilft es Mutter und Kind, den Geburtsstress zu einem späteren Zeitpunkt durch die »Willkommenshaltung« (siehe Seite 85 ff.) aufzuarbeiten.

Der ungewollte Kaiserschnitt

Auch hier begann alles ganz normal. Die Frau kam mit einem drei Zentimeter weit geöffneten Muttermund in den Kreißsaal. Doch bereits beim ersten CTG (Herztonkontrolle des Kindes) bemerkten wir, dass die Herztöne in jeder Wehe leicht abfielen. Das Kind reagierte auf die Wehen. Es war gestresst. Eine Weile konnten wir das tolerieren, der Muttermund öffnete sich weiter. Irgendwann gingen die Herztöne allerdings zu steil und zu weit nach unten. Obwohl die Frau den Schmerz gut ertragen und die Wehen gut veratmen konnte, entschied man sich dafür, einen Kaiserschnitt zu machen.

Gehen die Herztöne des Kindes zu weit nach unten, ist sein Leben in Gefahr. In diesem Fall kann der Wunsch der Frau nach einer normalen Geburt nicht mehr berücksichtigt werden. Auch hier kommt es oft zu Frustration.

Die Frauen haben das Gefühl, versagt zu haben. Ihnen fehlt die Erfahrung der ganz normalen Geburt bis zum Ende.

Sobald Frauen im Kreißsaal sind, haben sie eine riesige Erwartungshaltung. Jetzt soll sofort etwas passieren. Jetzt muss das Kind kommen. Es fällt ihnen schwer zu glauben, dass es trotzdem noch Stunden oder gar Tage dauern kann, bis sie ihr Kind endlich im Arm halten. Viele wollen dann lieber schnell einen Kaiserschnitt, anstatt sich auf die vermutlich noch stärker werdenden Schmerzen und vor allem auf die Zeit, die eine normale Geburt braucht, einzulassen. Jetzt haben sie bereits so lange gewartet, jetzt soll sofort etwas passieren.

Die Geburt ist der erste einschneidende Prozess im Leben eines Kindes – dem modernen Menschen jedoch ist das Bewusstsein für das prozesshafte Erfahren verloren gegangen, unser modernes Leben lässt uns keine Zeit. Trotzdem sollten wir gerade unseren Kindern alle Zeit der Welt geben, um sich zu entwickeln und zu entfalten.

Jessica: »Durch die Geburt meiner Tochter bin ich erst im Leben angekommen.«

Jessica war 37 Jahre alt, als sie ihre Tochter Katharina gebar. Ihr bisheriges Leben verlief mit vielen Turbulenzen, wechselnden Partnern und vielen Jobs – immer auf der Suche, endlich den richtigen Beruf und einen verlässlichen Partner zu finden. Sie selbst beschrieb sich als »Fähnchen im Wind« mit keinerlei Verwurzelung. Zu Beginn ihrer nicht geplanten Schwangerschaft war sie sehr verunsichert, sie befand sich in einem Wechselbad der Gefühle und war gleichzeitig begleitet von einer undefinierbaren Angst. Gedanken wie »Bin ich in der Lage, für mein Kind zu sorgen?«, »Kann ich Verantwortung für ein anderes Leben übernehmen?«, »Werde ich eine gute Mutter sein?« kreisten in ihrem Kopf und versetzten sie in Panikzustände. So gestresst kam sie in meine Beratungspraxis.

Ich schlug Jessica vor, mit ihr im Wasser zu arbeiten, und wir trafen uns einmal in der Woche im angenehm temperierten Thermalbad. Jessica sollte erfahren, wie es ist, vom Wasser getragen zu werden. Während sie auf dem Rücken lag, stützte ich Jessicas Kopf leicht mit meinen Händen und geleitete sie langsam durchs Wasserbecken. Zu Beginn war es ihr nicht möglich, ihren Kopf mit den Ohren ins Wasser abzulassen, erst ganz allmählich gelang es ihr, sich zu entspannen und das rauschende Geräusch unter Wasser wahrzunehmen. Das Getragensein im Wasser tat Jessica gut, und ich versuchte, sie in regelmäßigen Abständen so in ihrer Schwangerschaft zu begleiten. Ihre Panikzustände ließen nach, und sie begann sich in ihrem Urvertrauen zu stabilisieren.

Als der Geburtstermin näher rückte, war sich Jessica sicher, dass sie ihr Kind auf natürlichem Weg zur Welt bringen wollte. Mit der Ursicherheit, vom Leben getragen zu werden, meisterten Jessica und ihr Baby gemeinsam die Geburt. Ein paar Wochen später besuchte sie mich mit ihrer kleinen Tochter Katharina. Mit einem Lächeln meinte sie: »Durch Katharina bin ich im Leben angekommen.«

Jede Geburt bringt jedem Menschen seine eigene Erfahrung, jede natürliche Geburt ist mit Schmerzen verbunden und erzeugt Stress. Doch selbst wenn Komplikationen auftreten oder sich die Geburt über Stunden hinzieht, wenn der Kampf des »Ins-Leben-Treten« hart ist für Mutter und Kind, wenn die Schwangerschaft problembehaftet war, kann jeder Mensch in jedem Alter sein Geburtserlebnis bearbeiten und dadurch Urvertrauen erfahren, denn die Plastizität unseres Gehirns ermöglicht es uns, jeder negativen Erfahrung eine positive Erfahrung entgegenzusetzen.

Unser Urvertrauen liegt ganz in uns verborgen und wartet nur darauf, wiederentdeckt zu werden. Die fundamentale Wahrheit also ist in uns und kommt über unser innerstes Wesen zu uns. Wir müssen nur dorthin zurückgehen, um diese verschüttete Erfahrung wiederzufinden.

Die Bewusstheit um den evolutiven Prozess des Lebens ist uns verloren gegangen – Bewusstheit an sich ist verloren gegangen. Beginnen wir doch, das Leben als solches evolutiv zu begreifen. Alles, was ist, steht in einem größeren Zusammenhang, alles, was wir annehmen, kann uns reifen lassen, alles, was wir hineingeben, wirkt. Leben heißt, den evolutiven Prozess zu erkennen, wahrzunehmen, anzunehmen – dem evolutiven Prozess des Lebens zu folgen und mit ihm zu wachsen.

Denken Sie einmal über Folgendes nach: Die Erkenntnis der Vergänglichkeit ist paradoxerweise das Einzige, woran wir uns halten können, vielleicht unser einziger dauerhafter Besitz. Sie ist wie der Himmel und die Erde. Egal, wie viel sich auch um uns herum ändert oder zusammenbricht – Himmel und Erde bleiben bestehen. Nehmen wir einmal an, wir erlebten eine schwere emotionale Krise, unser ganzes Leben scheint sich in seine Bestandteile aufzulösen, unser Partner verlässt uns ohne Vorwarnung. Die Erde ist immer noch da; der Himmel ist immer noch da. Gewiss, sogar die Erde bebt hin und wieder – als wollte sie uns daran erinnern, dass wir nichts für selbstverständlich nehmen dürfen ... trotzdem sind beide, wie Sogyal Rinpoche sagt, »Himmel und Erde, unveränderliche Konstanten im Leben jedes Einzelnen«.[16]

Wir beginnen zu leben,
wenn wir innerlich zu sterben wissen.
Wer sterben kann,
dem ist jeder Tag voll Zauber.
Zu lieben heißt zu sterben –
Tod ist Erneuerung –
Freiheit vom Ballast der Vergangenheit
ist Tod und neues Leben.

Krishnamurti

Sterben – das Hineintreten in die Einheit

Beschäftigen wir uns jetzt mit dem Prozess des Sterbens. Wir trennen das Leben vom Sterben, und wir glauben, dass uns das Sterben erst viel später erwartet. Viel lieber beschäftigen wir uns mit dem Bekannten – das ist unser Haus, unsere Familie, unser Charakter, unser Ruf, unser Wissen, unsere Einsamkeit, – als dass wir dem Unbekannten ins Auge sehen wollen. Wir haben uns daran gewöhnt und denken an den Tod als etwas, das sorgfältig zu vermeiden ist. Als Embryo im Mutterleib wissen wir nicht, was uns außerhalb des Mutterleibes erwartet, als Sterbender wissen wir nicht, was uns erwartet, wenn wir unseren Körper verlassen. Wir fürchten uns vor dem Sterben, weil wir vielleicht auch wirklich nicht wissen, was es heißt zu leben. Wenn wir uns vor dem Leben fürchten, fürchten wir uns auch zu sterben.

Sterben ist in gewisser Weise das Loslassen von Dingen, die einem wichtig erscheinen, und vielleicht können wir uns dem Prozess des Sterbens annähern, wenn wir uns darin üben, immer wieder etwas in unserem Leben loszulassen, seien es unsere Kinder, wenn sie erwachsen werden, das Elternhaus, in dem wir aufgewachsen sind, oder wenn wir uns von materiellem Besitz trennen.

Elisabeth Kübler-Ross (* 8. Juli 1926 in Zürich; † 24. August 2004 in Scottsdale, Arizona) war eine schweizerisch-US-amerikanische Ärztin. Sie befasste sich mit dem Tod und dem Umgang mit Sterbenden, mit Trauer und Trauerarbeit und gilt als Begründerin der Sterbeforschung. Sie beschreibt den Prozess des Sterbens mit folgenden Worten: »Der Tod ist ganz einfach das Heraustreten aus dem physischen Körper, so wie ein Schmetterling aus seinem Kokon heraustritt. Der Tod ist nur ein Hinübergehen in einen anderen Bewusstseinszustand.« Das Sterbeerlebnis ist fast identisch mit der Geburt. Es ist eine Geburt in eine andere Existenz. Der körperliche Tod des Menschen ist tatsächlich mit dem Heraustreten des Schmetterlings aus dem Kokon vergleichbar, wir streifen unsere körperliche Hülle ab. Sterben ist ein Umziehen in eine andere Lebensform. Der Prozess des Ins-Leben-Tretens ist ein Heraustreten aus der Einheit, und der Prozess des Sterbens ist wieder ein Hineintreten in die Einheit. Beides ist mit Schmerz, Kampf, Glück, Trauer oder Verzweiflung verbunden. Werden wir bei diesem Prozess von Liebe begleitet, entsteht Urvertrauen.

Leben heißt leiden für das, was man empfindet.
Leben heißt kämpfen gegen das Böse.
Leben heißt lieben, um niemals aufgeben zu müssen.

Die letzten Wochen ihres Lebens verbrachte eine an Krebs erkrankte Frau im Kreise ihrer Familie. In den Phasen ihres Sterbens waren Wut, Verzweiflung und die Frage »Warum gerade ich?« zu spüren. Durch die liebevolle Pflege ihrer Familie konnte sie den Zustand des Akzeptierens erreichen. Ihre letzten Worte zu ihren Angehörigen waren: »Energie vergeht nicht, ich werde immer bei euch sein.« – Der Verlust für die Angehörigen wiegt nicht ganz so schwer, wenn man sich bewusst macht, dass der Tod nicht einfach das Ende ist, sondern die Tür in einen anderen Bewusstseinszustand. Es macht einen Unterschied, ob etwas einfach weg ist oder ob es sich transformiert, wenngleich dies in einer Form geschieht, die wir mit unserem Verstand nicht erfassen können. Für unseren auf die dreidimensionale Welt konditionierten Verstand ist es deshalb einfacher, sich den Prozess als eine ICH-Auflösung und gleichzeitige Ausdehnung ohne jede Ortsveränderung vorzustellen, so wie ein Tropfen, der in den Ozean zurückfällt und sich darin auflöst.

Viele Menschen sehen ihre erschwerten Lebensbedingungen, ihr Geprüftwerden, ihre Schrecknisse, ihr Leiden und ihre Verluste als Fluch oder etwas Negatives an. Würden wir begreifen, dass das, was uns begegnet, nicht negativ ist, sondern dass wir an unseren Schicksalsschlägen und leidvollen Erfahrungen wachsen können, so würden wir verstehen oder uns vielmehr bewusst machen, dass jeder neue Tag auch eine neue Chance bedeutet. Wenn uns bewusst wird, dass wir nichts anderes tun müssen, als wieder den Zugang zu uns selbst zu finden, kann Angst weichen, und wir erfahren eine innere Gewissheit, dass alles, was uns im Leben begegnet, einen Sinn hat und uns zu unseren inneren Fähigkeiten und Stärken führt.

Können wir den Gedanken und die Vorstellung zulassen, dass es etwas weitaus Größeres gibt als uns und dass wir in diesem Universum einen kleinen wichtigen, ganz bestimmten Teil ausmachen, der zur Entwicklung des Ganzen seinen Anteil beizutragen vermag, erweitert sich unser Bewusstsein und wir lernen, Dinge anders wahrzunehmen, wir bekommen Zugang zu verschiedenen Wahrnehmungsebenen unseres Seins.

Nach Kübler-Ross werden wir im Moment des Todes die Trennung des wirklichen, unsterblichen Ichs von seinem zeitlich begrenzten Haus, unserem physischen Körper, erleben. Dieses unsterbliche Selbst nennen wir Seele. Wir befinden uns dann in einem Sein, in welchem es weder Raum noch Zeit gibt. Der Tod eröffnet uns eine zusätzliche Dimension, die mit unserem dreidimensionalen Denken nicht fassbar ist. Denn der Verstand unseres physischen Gehirns ist in unserem irdischen Körper begrenzt. Doch manchmal gelingt es uns – vielleicht in Zeiten, in denen wir großes Leid, Schmerz und Einsamkeit erfahren –, unsere Wahrnehmung und Sensibilität so zu erhöhen, dass wir viele einzigartige Energiestrukturen wahrnehmen können, Realitäten, die jenseits unseres rationalen Verstandes liegen. Wenn es uns gelingt, uns auf unser Inneres zu besinnen, erhalten wir eine Art Führung von unserem inneren Wesen, da wir dann einen Zugang zu dem unsterblichen Teil in uns haben.

Die Angst vor dem Tod lässt sich vielleicht mit der Angst vor dem Fallen ins Unendliche vergleichen, in dem wir unser ICH verlieren, obwohl wir doch ein Leben lang daran gearbeitet haben, ein Individuum zu werden. Möglicherweise ist die Vorstellung von einem getrennten, selbstständigen Individuum aber die größte Illusion des Menschen. Finden wir den Weg zu unserem inneren Selbst, können wir lieben und vertrauen, ohne dass es an Bedingungen geknüpft ist.[17]

Es gäbe nicht die geringste Möglichkeit, sich mit dem Tod vertraut zu machen, wenn er nur ein einziges Mal einträte. Aber zum Glück ist das Leben nichts anderes als ein andauernder Reigen von Geburt und Tod, der Reigen des ewigen Wandels. Jedes Mal, wenn ich das Rauschen eines Gebirgsbaches höre, die Brandung des Meeres oder meinen eigenen Herzschlag – immer höre ich den Klang der Vergänglichkeit. Diese Veränderungen, diese kleinen Tode sind unsere lebendige Verbindung mit dem Tod. Sie sind der Puls des Todes, sein Herzschlag, der uns drängt, alles, woran wir hängen, loszulassen.[18]

Gelingt es uns, uns dieses Urvertrauen, unser inneres Selbst, das jeder Mensch bei seiner Geburt erfahren darf, bewusst zu machen, werden wir unseren Ängsten begegnen können, werden wir den Tod auch nicht mehr fürchten müssen. Vor allem werden wir fähig sein, bedingungslos zu lieben.

Was wir brauchen, können wir uns selbst geben

Wir müssen wieder lernen wahrzunehmen, wir müssen wieder lernen, wie Beobachten geht. Wir haben gelernt, so wenig in Kontakt mit uns selbst zu sein, dass wir nun wieder lernen müssen zu krabbeln, bevor wir laufen können.[19]

Um Zugang zu unserem Inneren zu finden, brauchen wir Zeit für uns allein, um zur Ruhe zu kommen und uns wahrnehmen zu können. Doch viele fürchten sich vor dem Alleinsein. Alleinsein setzen wir oft gleich mit einsam sein. Oft ist dies die Zeit, wenn Angstgefühle und das Gefühl, versagt zu haben, an die Oberfläche kommen. Allzu oft beginnen wir dann, uns mit etwas zu beschäftigen, konzentrieren uns auf andere und geben uns unseren Lieblingsablenkungen hin, damit wir uns nicht mit den

Gefühlen, die in uns hochkommen, auseinandersetzen müssen. Unglücklicherweise funktionieren diese Ablenkungsmanöver nicht wirklich, und die Gefühle werden immer wieder in uns aufsteigen, oft stärker und in einer anderen Form. Der erste wesentliche Schritt zu uns selbst ist anzuerkennen, was ist, sowie Gefühle und Konflikte zuzulassen, so wie sie sind. Aus dieser Spannung heraus kann Neues entstehen, indem wir nicht mehr versuchen, etwas zu negieren.

Wenn wir in unserem Leben Raum schaffen fürs Alleinsein, beginnen Erkenntnisse, Gedanken, Ideen, Verbindungen und Eingebungen in uns einzuströmen. Wir verbinden uns mit unserem Inneren und finden so den Weg zu uns selbst.

Chiaras Welt

Chiara, eine hübsche 21-jährige Frau, besuchte nach ihrem Studiumabbruch meine Praxis. Sie war sehr modebewusst und etwas flippig gekleidet, lange dunkelbraune Haare fielen in ein blasses Gesicht mit auffallend rot geschminkten Lippen. Während sie versuchte, das Gespräch zu beginnen, wanderte ihr unruhiger Blick im Raum umher. Ich fragte sie, weshalb sie meine Praxis aufgesucht habe, und sie gab mir als Begründung ihren Studiumabbruch an und dass sie nicht genau wisse, was sie nun tun solle. Sie erhoffe sich von meiner Coachingarbeit, eine Lösung für sich zu finden.

In den ersten zwei Beratungsstunden erfuhr ich von Chiara etwas über ihre Familie, wie sie aufgewachsen war und für was sie sich interessierte. Ihre Mutter arbeitete als Psychiaterin, und ihr Vater war im Management tätig. Die Familie führte einen gehobeneren Lebensstandard, Geld spielte keine Rolle. Chiaras Welt bestand aus ihrer Familie, in deren Goldkäfig sie sich nur scheinbar sicher fühlte, Freunden, mit denen man Spaß hatte, Konsum, Mode, Schönheits- und Schlankheitswahn. Chiara lebte im Außen, ihr Aussehen war ihr sehr viel wert, ihr Inneres kannte sie nicht.

Da Chiaras Mutter neben ihren beiden Töchtern ihre berufliche Karriere als Psychiaterin nicht aufgeben wollte, wurden Chiara und ihre vier Jahre jüngere Schwester bis zum Schuleintritt von ihrer Tante mit betreut. Die beiden Mädchen wuchsen wohlbehütet auf. Chiaras Schulzeit verlief, rein von den Noten her betrachtet, relativ reibungslos. Sie war kein Überflieger, brauchte aber auch nicht wirklich viel zu lernen, um einigermaßen gute Noten zu schreiben. Oft schwänzte sie die Schule, weil sie morgens nicht aus dem Bett kam oder sich ein neues Kleid kaufen wollte oder weil sie in Mathe ganz einfach keinen Plan hatte, wie sie die Hausaufgaben lösen sollte. Chiara ließ sich treiben, und eigentlich wusste sie auch gar nicht, wie man es anstellen sollte, für etwas zu kämpfen oder auf etwas hinzuarbeiten, wenn es nicht einfach so ging.

Kurz vor einer wichtigen Prüfung bekam sie vor der Mathematikklausur Panik, da ihr klar war, dass sie den Stoff nicht beherrschte. Ihre Mutter reagierte ebenfalls panisch und gab ihr am Morgen vor der Prüfung ein Psychopharmakon zur Beruhigung. Chiara stand völlig neben sich und vermasselte die Klausur.

Grundsätzlich hatte Chiara Probleme mit ihrer Zeiteinteilung, termingerecht etwas einzuhalten und zu planen, überließ sie meist den anderen, ganz nach dem Motto: Die anderen werden es schon für mich richten. Chiara war sich ihrer Gefühle nicht sicher, sie wusste nicht, wie es sich anfühlt, wirklich traurig zu sein, wie es sich anfühlt, verliebt zu sein, oder wie es sich anfühlt, jemanden zu verlieren. Chiara bewegte sich wie eine Traumtänzerin durch die Welt, ohne den Boden unter sich zu spüren. Wechselnde Beziehungen zu jungen Männern hatte die junge Frau genug, doch immer dann, wenn es schwierig wurde, zog Chiara es vor, die Beziehung zu beenden. Das natürliche Gespür für Nähe und Distanz war für die junge Frau nicht fassbar, es fiel ihr merklich schwer, den Unterschied dieser beiden Polaritäten auch verbal zu beschreiben.

Chiaras Statur wirkte eher zerbrechlich, was hauptsächlich an ihren dünnen Beinen und Armen lag. Ihre hohen

Schuhe ließen sie sehr groß erscheinen. Sport war für sie schon seit ihrer Schulzeit ein Stressthema, das sie immer gerne vermieden hatte. Ihre Körperbewegungen waren ohne Dynamik, sie hatte nie wirklich ihre eigene Körperkraft erfahren. Es kam vor, dass sie sich tagelang in ihrer Wohnung die Zeit vertrieb, ohne das Bedürfnis zu haben, nach draußen zu gehen.

Auf der verzweifelten Suche nach sich selbst gestaltete sie ihren eigenen Blog im Internet, auf dem Fotos von ihr zu sehen waren, die dem eines Models glichen. Sie kommentierte die Fotos mit eigenen Texten, in der Hoffnung, von anderen Resonanz zu bekommen. Chiara wusste nicht, wer sie war. Um sich selbst wahrnehmen zu können, war sie auf das Außen angewiesen.

Wie wir auf den vorangegangenen Seiten erfahren haben, ist die Geburt eines Menschen von großer Bedeutung, und für meine Beratungsarbeit ist es immer wertvoll zu erfahren, wie die Geburt des Klienten verlief. Chiaras Geburt war ein geplanter Kaiserschnitt. Ihre Mutter fand eine schmerzhafte Geburt für sich und wohl auch generell nicht zumutbar und entschloss sich schon sehr bald, ihre beiden Kinder per Kaiserschnitt zur Welt zu bringen. Sie entschied sich mit bestem Gewissen für diesen Weg, nicht wissend, wie prägend das Geburtserlebnis für das Kind sein kann. Chiara wurde auf Entscheid der Außenwelt zu einem von der Außenwelt beschlossenen Termin ins Leben geholt, ohne die natürlichen körperlichen Signale abzuwarten. Sie durfte nicht erfahren, wie es ist, sich durch den engen Geburtskanal zu schaffen, wie es sich anfühlt, wenn die Mutter vor Schmerzen schreit und gleichzeitig durch das Pressen dem Kind hilft, den Weg ins Leben zu finden. Sie durfte nicht erfahren, dass sich Anstrengung lohnt, um sich selbst als eigenständigen Menschen zu erfahren.

Chiara wurde ins Leben geholt, ohne darauf vorbereitet zu sein. Wie prägend ihr eigenes Geburtserlebnis für sie war, konnte sie sich erst jetzt mit 21 Jahren mühsam erarbeiten und begreifen.

Die Willkommenshaltung

Mit einer einfachen Übung kann es gelingen, das Geburtserlebnis eines Menschen aufzuarbeiten. Die sogenannte »Willkommenshaltung« kann diejenigen Gehirnbereiche aktivieren, die bei der Geburt aktiv sind. So wird der Mensch in den Zustand seiner Geburt zurückversetzt, kann Körperempfindungen wahrnehmen, Stresssituationen nochmals erspüren und so das Geburtsereignis noch einmal positiv durchleben.

Für Chiara war diese Übung fundamental. Sie durfte körperlich erfahren, wie es ist, gehalten zu werden, und welche Auswirkung das Atmen auf die Körperspannung und Entspannung hat. Die wohl wichtigste Erfahrung für sie war der zeitliche Ablauf. Sie durfte bestimmen, wie lange sie in der Übung bleiben wollte oder auch musste, wie lange sie brauchte, um ihren eigenen Geburtsvorgang abzuschließen.

Um zu erkennen, dass alles, was geschieht, in einem größeren Zusammenhang steht, ist es wichtig, aufmerksam und in Kontakt mit unserem Körper, unseren Gefühlen zu sein. Wir sollten uns wieder darauf einlassen können, unserer eigenen Wahrnehmung zu vertrauen. Dadurch wächst in uns die Fähigkeit, Verantwortung für uns und das Leben zu übernehmen. Wir können unsere Gefühle von Einsamkeit, Entfremdung und Isolation durchbrechen, wenn uns klar wird, dass wir nicht getrennt sind von der Natur. Wir sind Natur. Wenn wir erkennen, dass alle Dinge der gleichen Quelle entspringen und zur gleichen Quelle zurückkehren, sehen wir, dass alle Prozesse und Erfahrungen miteinander verbunden sind.[20]

Anleitung zur Übung

Der Klient liegt ausgestreckt auf dem Rücken, die Arme liegen neben dem Körper. Um Verspannungen zu vermeiden, werden Hüfte und Füße leicht gelockert. Der Therapeut (die ausführende Person) setzt sich bequem ans Kopfende, schiebt die Handinnenflächen jeweils seitlich unter den Hinterkopf des zu Behandelnden und lässt die Hände dort ruhig liegen. Aufmerksam beobachtet er die Atmung und Befindlichkeit des Klienten. Die warmen, pulsierenden Hände werden dann vom Hinterkopf weggenommen, wenn der Klient entspannt aufatmet.

Hinweis: *Die Übung sollte nur von erfahrenen Personen durchgeführt werden, da eine tiefgreifende Wirkung und Reaktion möglich ist.*

Das Labyrinth als Weg zu uns selbst

Labyrinthe waren im Laufe ihrer Geschichte immer voller Symbolik. Über Jahrtausende hinweg wurden sie in den verschiedenen Kulturen und Zivilisationen für Pilgerreisen und Übergangsriten ins Erwachsenenalter, für Initiationsprozesse genutzt. Sie waren Sinnbilder für Tod und Wiedergeburt und den linearen Lauf der Zeit, kurz für den »Lebensweg«. Die Wendepunkte symbolisieren den weiblichen Schoß und den Weg des männlichen Samens, der eindringt und das Ei befruchtet, um dann als neugeborenes Kind wieder ans Licht der Welt zu kommen.[21]

Das Labyrinth ist ein Erfahrungssymbol. Es kann konstruiert, mit den Fingern gemalt, abgefahren oder abgegangen werden. Am stärksten wird seine Grundbedeutung beim Gehen gespürt: in einen unübersichtlichen Weg eintreten, sich umwenden, an den Rand geraten, unsicher werden, weitergehen, in der Mitte ankommen, umkehren, wieder hinausgehen – meist ganz unbewusst werden hier grundlegende Lebenserfahrungen mit empfunden oder eingeübt. Füße, Körper und Sinne gehen einen Weg, der nicht zuerst verstanden werden muss, um erfahrbar zu sein. Aber diese Erfahrungen haben oft eine Qualität, die sich so einprägen kann, dass wirkliches Wissen daraus entsteht – etwas geht in »Fleisch und Blut« über.[22] Besonders Kinder haben einen spontanen und unreflektierten Zugang zu den Symbolen: Wenn sie ein Labyrinth sehen, gehen sie direkt darauf zu, benutzen es und fragen nicht lange, was es denn zu bedeuten hat. Sie nehmen die Aussage des Symbols intuitiv auf, auch wenn sie nichts darüber erzählen können. Kinder braucht man nicht mit Erklärungen zu überhäufen, sie haben das Wichtigste meist längst verstanden.

Das Labyrinth hat zwei Wege: den hinein in die Mitte und den heraus aus der Mitte. Der Weg hinein ist ein starker, spannender Weg auf ein Ziel zu. Der Weg hinaus ist ein stiller, demütiger Weg. Man kennt ihn schon, und doch ist er wieder lang. Aber es braucht diese Zeit, diesen Weg zurück, um die bisherigen Erlebnisse zu überdenken und zu verinnerlichen. Wer den Weg hinaus für unwichtig hält, eilt vielleicht als Held von Abenteuer zu Abenteuer, aber er wird dabei keine Zufriedenheit finden. Der Weg hinaus ist der Weg nach Hause, der Weg zur Reifung. Das Abenteuer ist vollbracht, Erkenntnis ist gewonnen. Wer aus der Labyrinthmitte hinauseilt, über alle Begrenzungen steigt und dabei meint, dass ja die Mitte erreicht und damit alles erledigt sei, hat den wichtigeren Teil versäumt. Denn der Weg hinaus führt zur Güte, zur Demut, zu Bewusstheit und zur Liebe.

Das Labyrinth mit einem Satz begehen

Eine spannende Art der Besinnung ist es auch, wenn dem Labyrinthgeher am Eingang ein Satz mitgegeben wird – spannend, weil die Reaktion des Betroffenen sehr unterschiedlich ausfallen kann. Besonders hilfreich kann dies sein, wenn sich der Satz auf eine Lebenssituation bezieht. Eine weitere Möglichkeit ist auch, während des Gehens bestimmte Töne zu singen oder sich auf Rhythmen durch das Labyrinth bewegen.

Auswahl an Besinnungsfragen:

Was ist mir wirklich wichtig?
Was will ich erreichen?
Was will ich tun?
Was ist mein Ziel?
Wohin will ich gehen?
Was will ich mitnehmen?
Mit wem will ich gehen?

Was will ich lassen?
Was lenkt mich ab?
Was brauche ich nicht mehr?

Was wird mit dem Labyrinthlaufen erreicht?

Es ist nicht wichtig, eine Lebensphilosophie zu haben, sondern dass wir lernen zu beobachten, was tatsächlich in unserem Leben geschieht – innen und außen.

- Man findet den Weg zur eigenen Mitte und zu sich selbst.
- Das Labyrinthlaufen bringt Ruhe und Sicherheit, um kraftvoll ins Leben zu schreiten.

Johanna

An ihrem 50. Geburtstag stand Johanna an einem neuen Scheideweg ihres Lebens: Ihre erwachsenen Kinder waren dabei, ihr eigenes Leben zu finden, ihre Ehe war gescheitert und durch die Trennung hatte sie Haus und Heim verloren. Als ich sie kennenlernte, wirkte sie müde und ohne Lebensenergie. Sie sagte von sich selbst: »Ich habe keine Tränen mehr, ich weiß nicht, wohin ich gehen soll, ich weiß nicht, was mich ausmacht und wer ich bin.«

Mit diesen Gedanken beging sie das Labyrinth. Langsam und mit zaghaften Schritten machte sie sich auf den Weg zur Mitte. An den Wendepunkten geriet sie ins Wanken, ihr Körpergleichgewicht war instabil. Ihre Augen wanderten unruhig über den Pfad, der zur Mitte führte. Im Inneren des Labyrinthes blieb Johanna eine Weile bewegungslos, fast erstarrt stehen. Plötzlich sank sie in sich zusammen und begann zu weinen. Nur mühsam konnte sie sich wieder aufrichten und den Weg um die sieben Wendungen zurückgehen. Ihre Schritte wurden zielgerichteter, ihr Körpergleichgewicht stabilisierte sich, tränenüberströmt kam sie am Ausgang des Labyrinthes an. Johanna holte tief Luft, und schluchzend meinte sie: »Das Eis taut, ich beginne, mich wieder zu spüren.«

In den folgenden Wochen begleitete das Labyrinthlaufen Johannas Alltag. Sie verarbeitete ihre Trauer, ihre Verletzungen, sie empfand Freude und Verzweiflung. Nach ein paar Wochen traf ich sie wieder. Sie erzählte lächelnd, dass sie einen Cateringservice eröffnet habe und fortwährend auf dem Weg zu sich selbst sei.

Mit der Leichtigkeit des Seins

Wenn wir Trauer, Angst, Aggression, Zorn, Glück, Freude oder Dankbarkeit wahrnehmen, bewegen wir uns immer in der Polarität zwischen unserem Innen und dem Außen. Dadurch entsteht Spannung, wodurch wir mal mehr auf unser Inneres achten oder uns am Außen orientieren. Manchmal haben wir das Bedürfnis, Freude mit unseren Mitmenschen zu teilen, indem wir zum Beispiel auf eine Party gehen, dann sind wir im Außen. In Momenten der Trauer oder des Zorns sind wir vielleicht eher dabei, unser Inneres wahrzunehmen. Beide Zustände sind wichtig und dürfen da sein. Beides sollten wir anerkennen. Das Leben besteht aus Polaritäten, aus Gegensätzen und Ungleichheiten, dadurch entsteht Spannung, und aus dieser Spannung entsteht eine Kraft, eine Kraftquelle, derer wir uns oft nicht bewusst sind.

Anne Morrow Lindbergh beschreibt in ihrem Buch *Muscheln in meiner Hand* die Polaritäten des Lebens:

Das wahre Leben unserer Gefühle und Beziehungen ist unbeständig. Wenn man jemanden liebt, so liebt man ihn nicht die ganze Zeit, nicht Stunde um Stunde auf die gleiche Weise. Das ist unmöglich. Es wäre sogar eine Lüge, wollte man diesen Eindruck erwecken. Und doch ist es genau das, was die meisten von uns fordern. Wir haben so wenig Vertrauen in die Gezeiten des Lebens, der Liebe, der Beziehungen. Wir jubeln der steigenden Flut entgegen und wehren uns erschrocken gegen die Ebbe. Wir haben Angst, sie würde nie zurückkehren. Wir verlangen Beständigkeit, Haltbarkeit und Fortdauer. Und die einzig mögliche Fortdauer des Lebens wie der Liebe liegt im Wachstum, im täglichen Auf und Ab – in der Freiheit; einer Freiheit im Sinne von Tänzern, die sich kaum berühren und doch Partner in der gleichen Bewegung sind.

Die einzige Sicherheit liegt nicht im Soll und Haben, im Fordern oder Erwarten, nicht einmal im Hoffen. Die Sicherheit einer Beziehung besteht weder in sehnsuchtsvollem Verlangen nach dem, was einmal war, noch in angstvollem Bangen vor dem, was kommen könnte, sondern allein im lebendigen Bekenntnis zum Augenblick. Denn auch eine Beziehung muss wie eine Insel sein. Man muss sie nehmen, wie sie ist, in ihrer Begren-

zung – eine Insel, umgeben von der wechselvollen Unbeständigkeit des Meeres, immerwährend vom Steigen und Fallen der Gezeiten berührt. Man muss die Sicherheit des beschwingten Lebens anerkennen, seiner Ebbe, seiner Flut und seiner Unbeständigkeit.[23]

Unbeständigkeit – das ist etwas, womit wir Menschen uns so schwertun. Wie kann man lernen, mit dieser Unbeständigkeit zu überleben? Wie kann man lernen, das Wellental zu akzeptieren? – Wenn es uns gelingt, im Jetzt völlig präsent zu sein, können jede Zeit und jeder Raum in uns eindringen, dann haben wir Zugang zu unserem Urvertrauen und uns wird gewahr, was uns alle trägt. Die Gewissheit der Wissenschaftlichkeit und die Suche nach materieller Sicherheit verlieren dann an Bedeutung. Überzeugungen und Gewohnheiten, die unser Leben bestimmen, dürfen da sein, verlieren aber an Wichtigkeit, und sind wir im Einklang mit der Gegenwart, wird es unwichtig, irgendetwas zu beweisen. Dem Fluss des Lebens vertrauen, bedeutet, das Beurteilen hinter sich zu lassen. Wenn ein Mensch weiß, warum er hier ist, hat er den Zweck seiner Existenz erkannt.

Nur indem wir an unserem Leben teilnehmen, können wir entdecken, was es ist. Nur wenn wir am Leben unserer Mitmenschen teilnehmen, können wir beginnen zu erkennen, wer wir sind, und die Nähe erfahren, die für uns da ist. Leben ist nicht abstrakt, Leben ist nicht ein Gedanke, und der Versuch, alles zu »verstehen«, verwirrt uns oft und blockiert unseren Horizont. Nur wenn wir annehmen, was ist, können wir lernen und wachsen.

Sobald wir unseren eigenen Lebensprozess respektieren, können wir begreifen, dass unser Leben ein winzig kleines Element von etwas viel Größerem ist, wir beginnen, die Prozesse zu respektieren, die sich im Größeren ereignen, und erkennen, dass wir mit diesen Prozessen eng verbunden sind.

Unsere Aufgabe besteht darin, zu lernen und zu erfahren, dass uns etwas erfüllt, weil wir es selbst so empfinden und nicht weil jemand anderer uns sagt, dass es erfüllend sei. Wenn zum Beispiel in einer Gemeinschaft Gleichheit gefordert wird, neigt man leicht dazu, sich bedroht oder bevormundet zu fühlen, es entsteht dann ein Druck der Anpassung. Viel wesentlicher ist es, unserem eigenen Weg und unserem eigenen Prozess zu vertrauen, denn »erwachsen sein« heißt, die Bewusstheit zu haben, dass alles, was wir tun und in ein System hineingeben, Wirkung zeigt. Wenn wir infolgedessen nicht länger von irgendjemandem oder irgendetwas Hilfe erwarten, sind wir frei zu entdecken – und wo Freiheit ist, ist Energie, wo Freiheit ist, kann nichts mehr falsch gemacht werden. In der Freiheit gibt es kein richtiges oder falsches Handeln mehr. Sind wir bereit, uns auf das Abenteuer »Leben« einzulassen und an ihm teilzunehmen, übernehmen wir Verantwortung. Verantwortung ist der Weg zur Freiheit. Wir Menschen gestalten die Umwelt, wir sind die Natur. Und so sind wir alle Teil der Einheit.[24]

Besinnen wir uns also zurück auf unser Urvertrauen, anerkennen wir die Polaritäten, aus denen Konflikt, Spannung, Lebendigkeit entsteht. Indem wir diese Spannung wahrnehmen und sein lassen und uns auf den Weg begeben, treten wir hinaus in die *Leichtigkeit des Seins.*

Verlange nicht, dass die Dinge gehen,
wie du es wünschst, sondern wünsche sie so,
wie sie gehen – und dein Leben wird
ruhig dahinfließen.
Das Buch vom geglückten Leben, Epiktet

Schlusswort

Vor langer, langer Zeit – es kann sich kein Mensch mehr daran erinnern – lebten die Menschen in vollständiger Harmonie mit sich, miteinander, mit allen Tieren, Vögeln, Fischen, Kriechtieren, dem gesamten Planeten und dem großen Geheimnis des Alles-was-Ist. Es war ein leichtes, gesegnetes Zeitalter, und das Leben war glücklich und heiter. Im Laufe der Zeit begannen die Menschen jedoch zu vergessen, was sie wussten. Sie wurden allmählich eigennützig und selbstbezogen und begannen zu glauben, sie wären über die übrige Schöpfung erhaben und besser als ihre Mitgeschöpfe. Sie entzogen sich der Einheit, errichteten eine Rangordnung und sonderten sich nicht nur ab, sondern erhoben sich über alles andere.

Zu jener Zeit gab es Stammesälteste, denen die Verantwortung für die Bewahrung und den Schutz der Weisheit des Stammes aufgetragen worden war. Da sie so weise und so alt waren, konnten sie sehen, was es einmal gegeben hatte und was jetzt vor sich ging. Dies erfüllte sie mit tiefer Sorge. Sie beriefen ein Treffen aller Ältesten ein, die für die Weisheit des Stammes verantwortlich waren, und berieten viele Tage und Nächte, was sie tun sollten. »Die Menschen werden wie Kinder«, sagte der eine. »Sie sind eigennützig und selbstzentriert. Sie denken nur an sich und missbrauchen, was der Schöpfer ihnen gegeben hat.« »Sie missbrauchen unsere Mutter, die Erde, und erkennen nicht, dass alles, was wir haben – unsere Nahrung, unsere Kleidung, unsere Wohnungen – von ihr kommen«, fügte ein anderer hinzu. »Sie haben vergessen, dass sie spirituelle Wesen sind und dass alles spirituell ist«, vertraute der Nächste ihnen an. So sprachen sie viele Tage und Nächte hindurch.

Schließlich kamen die Ältesten zu dem Schluss, dass die Menschen so verloren und ihre Gedanken und Herzen so verwirrt waren, dass ihnen die spirituelle Weisheit, die das Volk so lange getragen hatte, nicht länger anvertraut werden dürfe. Als Hüter der Weisheit waren die Ältesten entschlossen, dass diese nicht länger missbraucht werden dürfe, und schworen, sie zu schützen, koste es, was es wolle. So fassten sie den Entschluss, alle Weisheit zu sammeln, sie in einem Bündel zusammenzuschnüren und zu verstecken. »Wo sollen wir die Weisheit denn verstecken, so dass sie erst gefunden wird, wenn die Menschen dafür bereit sind?«, fragte eine alte Frau. »Wir müssen beten und darüber nachdenken.« Alle stimmten zu.

Wieder verbrachten sie viele Tage und Nächte, fasteten und beteten um die nächsten Schritte. Als sie wieder zusammenkamen, fragte einer der Ältesten: »Haben wir eine Lösung gefunden?« »Ich weiß«, sagte einer. »Weit von hier im Wald gibt es einen hohen Berg, und darin ist eine tiefe, verborgene Höhle, die niemand kennt. Lasst uns am hintersten Ende der Höhle eine Grube graben und das Bündel mit der Weisheit tief unter der Erde vergraben. Da werden sie es nie finden.« Wieder saßen die Ältesten eine Weile zusammen und erwogen diese Möglichkeit. »Sie sind trickreich, diese Menschen. Sie schnüffeln immer und überall herum. Früher oder später werden sie sicher die Höhle finden, zu graben anfangen und die Weisheit entdecken.« Die Ältesten ließen diese Aussage langsam auf sich wirken. Dann stimmten sie alle traurig zu: »Du hast recht! Sie sind wirklich überall und stecken ihre Nase in alles hinein.« Traurig saßen sie wieder eine Weile zusammen. »Ich hab's«, sagte ein anderer. »Ich kenne einen sehr, sehr tiefen See. Wir kennen nicht einmal seinen Grund. Lasst uns das Bündel sorgfältig verpacken und es tief unten auf dem Grund des Sees verstecken. Dort werden die Menschen es niemals finden.« Zunächst waren die Ältesten froh über diesen Vorschlag, denn sie waren müde und wollten wissen, was sie tun sollten. Doch sie wussten auch, dass dies eine ernste Angelegenheit war und sie eine große Verantwortung hatten. Langsam kam jeder von ihnen zu der Erkenntnis, dass auch der See nicht die Lösung war. »Nein, die Menschen gehen gerne fischen. Früher oder später würde einer das Bündel mit seinem Angelhaken hochziehen. Das können wir nicht machen«, sagte einer. Wieder saßen die Ältesten bewegungslos zusammen – für eine Ewigkeit, wie es schien. Dann, sehr langsam, ergriff eine der Ältesten das Wort. »Ich weiß, was wir tun müssen«, sagt sie bedächtig und sprach mit Weisheit und Autorität. »Wir werden die Weisheit im Menschen selbst verstecken. Dort werden sie nie suchen.« Und alle wussten, dass sie die Antwort gefunden hatten. [25]

(Don Coyhis)

Die Gewissheit, dass alle von uns tiefe Quellen des Wissens in sich haben, sicher versteckt und gespeichert in unserem Inneren, Potenziale und Weisheiten, die weit über unser gegenwärtiges Wissen hinausgehen, lässt mich hoffen und tief vertrauen.

Nun, da ich die letzten Zeilen dieses Buches geschrieben habe, kehrt Ruhe in mir ein. Ich sitze am Ufer meines geliebten Seerheins, die Abendsonne glitzert goldrot im Wasser. Danke, denke ich, danke für jeden Augenblick, in dem ich »eins sein« darf mit mir und der Natur.

Anhang

Ein Text aus den Schriften der Katharer, die im 12. Jahrhundert durch die Kreuzzüge der Christen bekriegt und ausgerottet wurden, kann die Geschichte von Don Coyhis in einfachen Worten untermauern, ja vielleicht sogar die Weisheit, die jeder Mensch in sich trägt, offenbaren.

Die Kirche der Katharer lebt nicht als feste Form, sondern nur im Einvernehmen der Menschen untereinander. Sie hat keine Mitglieder, außer jenen, die sich zugehörig fühlen. Sie hat keine Konkurrenz, denn sie wetteifert nicht. Sie hat keinen Ehrgeiz, denn sie wünscht nur zu dienen. Sie zieht keine Landesgrenzen, denn das Staatendenken entbehrt der Liebe. Sie kapselt sich nicht ab, denn sie sucht alle Gruppen und Religionen zu bereichern.

Sie achtet alle großen Lehrer aller Zeiten, welche die Wahrheit der Liebe offenbarten. Wer ihr angehört, übt die Wahrheit der Liebe mit seinem ganzen Sein. Weder gesellschaftliche Schicht noch Volkszugehörigkeit bedeuten für sie eine Schranke. Wer dazugehört, weiß es.

Sie trachtet nicht danach, andere zu belehren; sie trachtet nur danach, zu sein und durch ihr Sein zu geben. Sie lebt in der Erkenntnis, dass die Art, wie wir sind, auch die Art sein mag von denen, die um uns sind, weil sie um die Einheit weiß. Sie macht sich nicht mit lauter Stimme bekannt, sondern wirkt in den feinen Bereichen des liebenden Seins. Sie verneigt sich vor allen, die den Weg der Liebe aufleuchten ließen und dafür ihr Leben gaben. Sie lässt in ihren Reihen keine Rangfolge zu und keine feste Struktur, denn der eine ist nicht größer als der andere. Ihre Mitglieder erkennen einander an der Art zu handeln, an der Art zu sein und an den Augen und an keiner anderen äußeren Geste als der geschwisterlichen Umarmung.

Jeder Einzelne weiht sein Leben dem stillen und liebevollen Umgang mit dem Nächsten und seiner Umwelt, während er seine täglichen Pflichten erfüllt, wie anspruchsvoll oder wie bescheiden sie auch sein mögen.

Die Kirche der Katharer weiß um die absolute Gültigkeit der großen Wahrheit, die nur dann verwirklicht wird, wenn die Menschheit nach dem obersten Gebot der Liebe handelt. Sie verspricht keinen Lohn, weder in diesem noch im nächsten Leben, nur unsagbare Freude des Seins und des Liebens. Jeder trachtet danach, der Verbreitung des Wissens zu dienen, in aller Stille Gutes zu wirken und nur durch eigenes Beispiel zu lehren. Die, die zur Kirche der Liebe gehören, kennen weder Furcht noch Scham, und ihr Zeugnis wird immer, in guten wie in schlechten Zeiten, gültig sein.

Die Kirche der Liebe hat kein Geheimnis, kein Mysterium und keine Einweihung, außer dem tiefen Wissen um die Macht der Liebe und um die Tatsache, dass die Welt sich ändern wird, wenn wir Menschen dies wollen – aber nur, indem wir uns zuerst ändern. Alle, die sich dazugehörig fühlen, gehören dazu.

Literaturverzeichnis

Candolini, Gernot: *Die Faszination der Labyrinthe: Das Praxisbuch. Mit Kopiervorlagen*. Kösel 2004.

Epiktet: *Das Buch vom geglückten Leben*. Übersetzt von Carl Conz und Bernhard Zimmermann. Deutscher Taschenbuch Verlag 2005.

Fisher, Adrian: *Labyrinthe und Irrgärten: Das große Spiel- und Erlebnisbuch*. AT Verlag 2006.

Koneberg, Ludwig/Gramer-Rottler Silke: *Die sieben Sicherheiten, die Kinder brauchen: Neues aus der Evolutionspädagogik*, Kösel 2006.

Koneberg, Ludwig/Gramer-Rottler Silke: *Verkannte Genies, wenn Kinder in der Schule scheitern – Hilfen mit den 10 Schlüsseln der Evolutionspädagogik*, Kösel 2010.

Koneberg, Ludwig/Gramer-Rottler Silke: *Die 90-Grad-Lösung: Eine Formel für Erkenntnis, Konfliktbewältigung und Lebensglück*, Koha 2008.

Krishnamurti, Jiddu: *Einbruch in die Freiheit*, Aquamarin 2004.

Kübler-Ross, Elisabeth: *Über den Tod und das Leben danach*, Silberschnur 1997.

Der Spiegel 50/2012: Artikel v. Julia Koch: *Freie Sicht aufs Baby.* Seite 128.

Lindbergh, Anne Marrow: *Muscheln in meiner Hand: Eine Antwort auf die Konflikte unseres Daseins*. Aus dem Englischen von Maria Wolff und Peter Stadelmayer, Piper 1988.

Rinpoche, Sogyal: *Funken der Erleuchtung: Buddhistische Weisheit für jeden Tag des Jahres*. Aus dem Englischen von Thomas Geist, Barth 1998.

Tagesanzeiger 23/24. Februar 2013: Willy Sutter: *Der Manager als Schamane*.

Wilson Schaef, Anne: *Leben im Prozess. Wahrheiten, den Weg der Seele zu leben*, Vollenweider 2009.

Internetquellen

wonder.cc/Geschichten/index.htm: Don Coyhis »Vor langer, langer Zeit …«

Sutter, Willy: Manager, Schamane, Inhaber der Auspexis GmbH für die Verbesserung der Lebensqualität; www.auspexis.ch

Anmerkungen

1. Vgl. Wilson Schaef, Anne: *Leben im Prozess. Wahrheiten, den Weg der Seele zu leben*, Vollenweider 2009, S. 43.
2. Vgl. ebd., S. 44, 60, 106.
3. Sogyal Rinpoche, 7. Juli 1998.
4. Sogyal Rinpoche, 9. Juli 1998.
5. Vgl. Krishnamurti, Jiddu: *Einbruch in die Freiheit*, Aquamarin 2004, S. 50 ff.
6. Sogyal Rinpoche, 30. Mai 1998.
7. Vgl. Krishnamurti, Jiddu, 2004, S. 45-46.
8. Literatur: Willy Sutter, Manager, Schamane und Inhaber der Auspexis GmbH für die Verbesserung der Lebensqualität, www.auspexis.ch
9. Vgl. Wilson Schaef, 2004, S. 121, 93.
10. Vgl. ebd., S. 52-54, 56 ff.

11. Vgl. ebd., S. 76-125.

12. Vgl. Koneberg, Ludwig/Gramer-Rottler Silke: *Die sieben Sicherheiten, die Kinder brauchen: Neues aus der Evolutionspädagogik*, Kösel 2006, S. 37 f.

13. Reformhauskurier Juni 2009, Seite 5, zitiert aus: Koneberg, Ludwig/Gramer-Rottler Silke: *Verkannte Genies, wenn Kinder in der Schule scheitern – Hilfen mit den 10 Schlüsseln der Evolutionspädagogik*, Kösel 2010, S. 54.

14. Vgl. Der Spiegel 50/2012: Artikel v. Julia Koch: *Freie Sicht aufs Baby*, Seite 128.

15. Vgl. Koneberg, Ludwig/Gramer-Rottler Silke 2010, S. 53-57.

16. Sogyal Rinpoche, 28. Juni 1998.

17. Vgl. Kübler-Ross, Elisabeth: *Über den Tod und das Leben danach*, Silberschnur 1997, S. 9, 10, 14,15, 27, 29, 44, 48, 77, 79.

18. Sogyal Rinpoche, 12. Juni 1998.

19. Vgl. Wilson Schaef, 2004, S. 129,130, 132.

20. Vgl. Wilson Schaef, 2004, S. 111, 121.

21. Vgl. Fisher, Adrian: *Labyrinthe und Irrgärten: Das große Spiel- und Erlebnisbuch*. AT Verlag 2006, S. 8.

22. Vgl. Candolini, Gernot: *Die Faszination der Labyrinthe: Das Praxisbuch. Mit Kopiervorlagen*. Kösel 2004

23. Vgl. Lindbergh, Anne Marrow: *Muscheln in meiner Hand: Eine Antwort auf die Konflikte unseres Daseins*. Piper 1988, S. 118 ff.

24. Vgl. Wilson Schaef, 2004, S. 142, 144, 145, 154.

25. http://wonder.cc/Geschichten/index.htm

26. Gründer und Präsident einer amerikanischen Indian Non-Profit-Hilfsorganisation. Er setzt sich für die in Reservaten lebenden Indianer ein.

Über die Autorin

Seit 2001 arbeitet Silke Gramer-Rottler als Lernberaterin/Evolutionspädagogin und Coach P.P. in eigener Praxis, als Ausbildungsleiterin am Institut für Praktische Pädagogik I.P.P. GmbH in München und in der Schweiz sowie als Montessori-Pädagogin und Lehrbeauftragte. Zusätzlich bietet sie pädagogische Beratungen für Kinder, Jugendliche und Erwachsene an sowie Seminare zur Persönlichkeitsbildung. Die Autorin lebt in Kreuzlingen am Bodensee.

Gabriele ~ Saskia Drungowski

Das Beste für dich

Der Weg vom Unbewussten zum Bewussten

Öffnen Sie Tür zu Ihren innersten Räumen, in denen Sie Erstaunliches über sich selbst und Ihre Beziehungen erfahren. Dieses Wissen hilft Ihnen, sich selbst wahrhaft zu erkennen und Ihr eigenes Leben in die Hand zu nehmen, ja sogar die Welt zu verändern.
Die praktischen Anleitungen, Übungen und Meditationen in diesem Buch unterstützen Sie, zu begreifen, wer Sie eigentlich sind. Dank dieses Wissens stehen Sie am Anfang einer ungeahnt tiefen Bewusstheit, die alles umfasst, was Sie für Ihr Leben und Ihren eigenen Weg benötigen.

192 Seiten, broschiert
ISBN 978-3-89845-393-6
€ [D] 14,95

Kurt Tepperwein

Nichts geschieht umsonst

Die Sprache des Lebens verstehen

Alles, was uns begegnet, und alles, was uns widerfährt, sind Botschaften des Lebens, die uns etwas Wichtiges mitzuteilen haben. Das Leben spricht ständig zu uns, allerdings müssen wir die Sprache des Lebens erst erlernen. Wenn Sie diese Sprache beherrschen, ist es Ihnen sogar möglich, die Botschaften des Lebens gezielt abzufragen. Sie können alle Erfahrungen und die verschiedensten Arten von Hinweisen optimal für sich nutzen, um ein erfolgreiches, erfülltes und gesundes Leben zu führen. Ein Buch, das sich mit allen Alltagsthemen auseinandersetzt und keine Fragen offenlässt.

176 Seiten, broschiert
ISBN 978-3-89845-412-4
€ [D] 12,65

144 Karten mit Kurzanleitung, inkl. Miniposter, in Box
EAN 4260075280-28-8
€ [D] 19,95

Franziska Krattinger

Die Kraft der 144 Schalt- und Machtworte

Es ist schwer, eingefahrene Wege zu verlassen und wirklich etwas in seinem Leben zu verändern.
Die 144 wirkungsvollen Karten mit Schalt- und Machtworten helfen dabei, denn sie erwecken die uns innerwohnende positive Macht zur selbstbestimmten Veränderung von Situationen und Vorhaben. Eines dieser Worte genügt bereits, um einen unterbrochenen energetischen Fluss wieder zum Laufen zu bringen und so alles zum Besten zu lenken!
Schalten auch Sie einfach um – und beobachten Sie die positiven Veränderungen in Ihrem täglichen Leben. Sie haben WIRKLICH die Macht dazu!

192 Seiten, Klappenbr.
ISBN 978-3-89845-136-9
€ [D] 11,90

Franziska Krattinger

Das Leben geht weiter ... und DU?

Wissen Sie, was Schaltworte sind? Sind Sie in der Lage, durch Reden Macht zu bekommen? Beherrschen Sie die Körpersprache?
Lernen Sie mit Hilfe dieses kleinen Ratgebers, Ihre realen wie auch Ihre nonverbalen Äußerungen sowie die Ihres Umfelds zu entschlüsseln – und werden Sie zu einem bewussten Menschen, der nicht auf alles »antwortet«, also reagiert, sondern der nur agiert, wenn es seinem persönlichen Willen entspricht.

216 Seiten, Klappenbr.
ISBN 978-3-89845-345-5
€ [D] 14,90

Sharon Salzberg

Das Handbuch der Achtsamkeit und Güte

Dieses Buch, das nicht umsonst auf den US-Bestsellerlisten stand, ist eine Einladung, mit Eigenschaften wie liebevoller Güte und Achtsamkeit zu experimentieren.
Sicherlich kennen Sie Situationen, in denen Sie allmählich ungeduldig werden, wenn Sie beispielsweise versuchen, jemandem zu helfen, oder Sie ärgern sich über das laute Klingeln eines Handys ... Was wäre normalerweise Ihre erste Reaktion? Gelassenheit oder Groll?
Die Erfolgsautorin Sharon Salzberg zeigt, wie wir für uns selbst und unsere Mitmenschen Güte und Achtsamkeit entwickeln können. Die im Buddhismus geschulte Autorin führt uns mit der sanften Stärke der Zuversicht und Inspiration auf den Weg zu einem Leben voller Freude und innerem Frieden.

208 Seiten, broschiert
ISBN 978-3-89845-331-8
€ [D] 12,90

Beate Bock

Un-Mögliches möglich machen

Ein Übungsbuch

Der Erfolgstitel zur positiven Veränderung!
Die erfahrene Seminarleiterin Beate Bock legt hier ein Übungsbuch vor, das sie – zusammen mit ihren geistigen Freunden – aus der Praxis heraus für das alltägliche Leben entwickelt hat: eine Sammlung von 23 äußerst effektiven Übungen, um Schritt für Schritt mehr Liebe, Zufriedenheit und Erfolg im Leben zu erfahren.
Ein Übungsbuch für jeden, der seinem Leben eine neue Richtung geben will!